Le chef de projet efficace

Groupe Eyrolles
61, bd Saint-Germain
75240 Paris Cedex 05

www.editions-eyrolles.com

Du même auteur aux éditions Eyrolles

44 astuces pour démarrer votre business, 2014.

À son compte, 2012.

L'essentiel du tableau de bord, 4e édition, 2013.

Les nouveaux tableaux de bord des managers, 6e édition, 2013.

ISBN : 978-2-212-55798-5

Alain Fernandez

Le chef de projet efficace

12 bonnes pratiques pour un management humain

5e édition revue et augmentée

EYROLLES

Remerciements

Je tiens à remercier tous les chefs de projet, managers et dirigeants qui ont aimablement accepté de répondre à cette enquête, sans hésiter à suggérer de nouvelles voies de réflexion. Plus généralement, je remercie aussi les clients, partenaires et challengers qui, au long des projets, directement ou non, m'ont permis d'affiner l'approche et de forger les outils présentés en ces quelques pages et bien sûr Marie-Claude Sonzini pour le soin apporté à la relecture du manuscrit et à la réalisation de l'ensemble des graphiques illustrant ce livre.

Compléments

Le site www.chef-de-projet.org associé au livre offre de nombreux compléments à propos des outils et techniques spécifiques à la conduite des projets d'entreprise. Deux dossiers, « Gestion du temps » et « Les essentiels du chef de projet », sont disponibles en téléchargement pour les lecteurs du livre.

Sommaire

Introduction – Manager un projet : une affaire de « bon sens » 1
Synthèse, pour faire vite 4
Nouveauté de la cinquième édition 5

En préambule – Conduire un projet : une démarche d'entrepreneur 7

Les sept compétences du chef de projet efficace 25

Axe 1 • Maîtriser l'organisation du projet

Témoignage de Charles – Il n'y a pas que des copains dans l'entreprise 45

1re pratique de bon sens – Construire le référentiel de valeur 47
Comment calculer le retour sur investissement ? 47
Bâtir le référentiel commun de valeurs 54

Témoignage de Hans – Passer du comptable au pit-bull, une bonne recette pour échouer 61

2e pratique de bon sens – Privilégier la réactivité 63
Planification : le principe 63
Les angoisses du *phasing* et les misères de l'ordonnancement..... 67

Sept recommandations pour mieux maîtriser l'organisation 73
Pour supprimer l'effet « trou noir », découpez le projet en lots ... 73
Pour ne plus sous-estimer les coûts et les temps, développez la coopération dès les prémices du projet................ 74
Pour maîtriser les dérives budgétaires, utilisez au mieux les compétences 74
Pour éviter les retards à répétition, assurez la logistique 75
Pour éviter la confusion des rôles, maîtrisez les affectations 75
Pour mieux maîtriser les dérapages, limitez les changements de priorités 75
Pour prévenir les découragements, gérez les détails.................. 76

Pour aller plus loin – Ne pas se reposer exclusivement sur les outils 77
Les limites des démarches normalisatrices................................ 77
Utiliser les méthodes à bon escient.. 79

Efficacité du manager – Les techniques de la négociation appliquées à la gestion des projets complexes 81
Comment faire ? 82
Les principales difficultés d'une négociation 86
Comment ne pas rater une négociation 87

Axe 2 • Dynamiser la coopération étendue

Témoignage de Cécile – Le chef de projet est le chef d'orchestre .. 91

3e pratique de bon sens – Synchroniser les rôles 93
Ne pas compter uniquement sur les méthodes et les outils......... 93
Se confronter à la réalité de la gestion d'équipe 95

4e pratique de bon sens – Abandonner le management autoritaire 99
Le management traditionnel n'est pas adapté à la gestion des projets complexes 100

Le management traditionnel ne permet pas une résolution optimale des problèmes 102
Le management traditionnel n'est pas en phase avec les nouvelles organisations d'équipes projet 103

Témoignage de Clara – Le nouveau est un tire-au-flanc… qui sait aussi tirer les bonnes ficelles 109

5ᵉ pratique de bon sens – Favoriser la coopération interne et externe 111
Construire l'équipe 112
Respecter les individualités 116
Dynamiser l'autonomie 118
Donner un sens à l'action 119
Partager le même référentiel de valeur 120
Maîtriser les interfaces 121

Trois recommandations pour dynamiser la coopération des équipes 123
Pour que l'orientation client ne soit pas que de bonnes paroles, assurez une communication permanente 123
Pour éviter l'accumulation de problèmes, ne les fuyez pas et allez les chercher là où ils se trouvent 124
Pour éviter le renfermement sur elle-même de l'équipe en phase d'efficacité, établissez des ponts relationnels avec les autres acteurs de l'entreprise 124

Efficacité du manager – Outils de la psychosociologie appliquée à la gestion des projets complexes 127
La communication maîtrisée 127
Les conditions pour réussir 133

Axe 3 • Développer les outils d'assistance à l'anticipation

Témoignage de Sabrina – De la précision des informations collectées 137

6ᵉ pratique de bon sens – Mesurer la performance pour assister la prise de décision 139
La mesure n'est pas une fin en soi 139

La mesure de la performance est un outil d'assistance à l'anticipation 140

Témoignage de Rémi – Comment j'utilise mon tableau de bord 143

7e pratique de bon sens – Assurer le suivi des enjeux 145

Mesurer l'avancement en termes de délai et de budget : les courbes en S 145

Maintenir le référentiel et anticiper les menaces 149

8e pratique de bon sens – Adopter une démarche d'amélioration continue 151

Étude de cas : la mesure de la performance de la gestion documentaire 152

9e pratique de bon sens – Anticiper les risques d'échec 155

Des risques acceptables dans un environnement maîtrisé 156

L'évaluation préalable du risque en 5 temps 157

Réaliser le tableau de bord projet 161

Synthèse : un système de pilotage intégral 165

Quatre recommandations pour bâtir une assistance efficace à l'anticipation et au pilotage 167

Pour venir à bout de votre projet tableau de bord : ne négligez pas l'étape de collecte 167

Pour une véritable coopération de tous : ne prenez pas les autres pour des ânes 167

Pour une prise de décision efficace : évitez que la construction des indicateurs ne soit une fin en soi 168

Pour ne pas plonger dans l'absurde technologique : n'automatisez pas tout ! 168

Efficacité du manager – Méthodes et outils de gestion du temps appliqués au management des projets complexes 171

Postulat préalable : l'humain ne peut être multitâche 172

La gestion du temps 173

Axe 4 • Faciliter l'intégration Accompagner le changement

Témoignage de Dominique – Le mépris ne paie pas 179

10e pratique de bon sens – Intégrer les projets dans la chaîne de valeur 181

Intégration organisationnelle 182
Intégration technologique 183
Intégration culturelle 184

Témoignage de José-Miguel – Pour réussir le changement, éviter les classements a priori 187

11e pratique de bon sens – Assurer un pilotage actif du changement 189

Qu'est-ce que le changement? 189
Pour une démarche de conduite de changement réussie..................... 191

12e pratique de bon sens – Inclure les coûts directs et indirects du processus d'intégration dans les budgets initiaux..................... 201

Quatre recommandations pour réussir l'intégration du nouveau système..................... 205

Pour limiter l'évolution du nombre des opposants: tenez compte des effets pervers des réunions d'orientation 205
Pour limiter la propagation des rumeurs: facilitez la phase de découverte et cultivez la curiosité..................... 206
Pour faciliter la perception du changement par tout un chacun: évitez les discours trop généralistes..................... 206
Pour éviter les rejets trop précoces: prenez soin d'assurer une continuité de services 206

Efficacité du manager – La communication au service de l'accompagnement du changement..................... 209

Comment faire ?..................... 209
Utiliser les technologies..................... 211
L'apprentissage pour tous 213

Conclusion 215
Coopérer, ce n'est pas toujours si simple… 215
La méthode de calcul du ROI conditionne
le type d'investissement 216
Trois recommandations complémentaires d'une portée
plus globale 217

Bibliographie 219

Index 221

Introduction

Manager un projet : une affaire de « bon sens »

Si la réussite des projets était uniquement dépendante du choix de la méthode et des outils utilisés, la question n'aurait pas fait long feu. La dramatique statistique comptabilisant les projets en échec se serait infléchie depuis fort longtemps. Une méthode est bien entendu nécessaire mais elle est loin d'être suffisante. En tout cas, il ne suffit pas de veiller à son application scrupuleuse pour accéder immanquablement aux objectifs convoités. Les échecs ne sont malheureusement pas exclusivement liés à des écarts de règles. Avec des délais toujours plus courts, des budgets limités, une innovation permanente, l'utilisation de technologies trop jeunes ou encore le rapprochement de compétences multidisciplinaires provenant de différents horizons, les projets actuels sont d'une tout autre complexité et se satisfont fort peu de démarches rationalisant à l'extrême.

On sait aujourd'hui qu'un projet d'entreprise ne se traite pas sans un minimum de précautions. Avant de se lancer, il faut en effet procéder à un travail de préparation conséquent pour préciser concrètement les objectifs, mettre en place une organisation efficace, s'assurer de la disponibilité des compétences et vérifier la faisabilité selon les délai et budget impartis. Autant de conditions incontournables pour conduire les projets actuels. Pourtant, la réussite des projets, non pas celle qui se limite à une recette signée avec les réserves d'usage, mais la vraie, celle qui se voit lorsque la rentabilité prévue est au rendez-vous, dépend de quelque chose d'autre. Cette autre chose, impalpable par définition, c'est peut-être bien le « bon sens » qui caractérise les managers qui réussissent. Il faut en effet disposer d'une bonne dose de bon sens pour ajuster au mieux le déroulement du projet et garder en ligne de mire les objectifs de rentabilité initialement prévus, tout en évitant les pièges, risques et menaces qui ne manqueront pas d'émailler la route.

Mais, pour exercer son bon sens en toute lucidité, encore faut-il disposer de repères solides et d'une vision globale de la question. Bâtir et maintenir tout au long du projet un référentiel de valeur traduisant la perception de la réussite au sens de toutes les parties prenantes est un fondamental. Il est en effet temps de modérer la suprématie des délais et du budget comme seuls critères de référence, comme le préconisent encore certaines démarches pour le moins dépassées. Cette focalisation exclusive sur les délais et les budgets transforme fatalement le manager en obsédé du planning et en véritable contrôleur des temps et des coûts, digne héritier du *time and cost clerk* de l'organisation scientifique du travail. S'il ne remplit pas sa fonction de création de valeur, que le projet soit ou non terminé dans les temps et au coût prévus importe peu !

Faire preuve de bon sens, en substance, c'est prendre conscience que le facteur humain fait toute la différence. C'est bien là le principal reproche que l'on peut faire aux modes de conduite de projet traditionnels. Ils sont trop instrumentalisés, et le facteur humain a été oublié. Seuls le choix de la méthode, l'exécution des procédures et le suivi des temps et des dépenses sont considérés comme dignes d'intérêt. Les femmes et les hommes ne sont perçus qu'en termes de compétences, c'est-à-dire comme des instruments de production. Pourtant, il n'est guère besoin de se livrer à de longues explications pour prendre conscience que l'humain est présent dans toutes les phases du processus. Ce sont bien des hommes qui décident de la portée et de l'enveloppe budgétaire du projet, ce sont encore des hommes qui le réalisent, et ce sont toujours des hommes qui utiliseront au final le système, une fois celui-ci déployé. Toutes les décisions sont prises par des femmes et des hommes dont la rationalité est influencée par leurs sensations, leurs émotions et leurs ambitions. Comment espérer réussir un projet d'entreprise si l'on prend un soin méticuleux à le déshumaniser sous une couche d'instruments formalisés ?

Les chefs de projet chevronnés ont bien compris que la solution n'était sûrement pas de se cacher derrière des règles et des batteries d'outils, aussi sophistiqués soient-ils. Ils préfèrent au contraire accorder une place de choix aux femmes et aux hommes impliqués directement ou indirectement dans le projet pour résoudre l'énigme de la complexité. Un projet, ce n'est pas uniquement des plannings, des tableaux de bord et des comptes rendus de réunions. Un projet, c'est avant tout des échanges et des discussions, des accords en toute intelligence et des négociations plus ardues, de la réflexion en équipe et des prises de décision difficiles, des conflits, parfois, mais aussi des moments de réjouissance. Un avancement bien maîtrisé, une bonne idée enfin trouvée pour résoudre un problème bloquant, ou ne serait-ce qu'un bon mot qui détend l'atmosphère d'une réunion trop tendue, suscitent des instants d'allégresse, qui, à eux seuls, justifient que nous soyons si nombreux à prendre plaisir à exercer ce métier passionnant.

Nous étudierons au cours de ce livre comment bâtir une capacité de conduite de projets dynamisant le bon sens et la coopération active, seule recette efficace pour piloter un projet en univers complexe.

La démarche de « bon sens » que je vous propose au fil de ces pages synthétise les résultats d'une enquête conduite auprès d'une soixantaine de chefs de projet, managers et dirigeants, tous expérimentés et n'ayant pas peur d'aborder franchement ce thème. Après un court préambule et un bref rappel sur le déroulement d'un projet d'entreprise, nous nous attarderons un instant, afin que nous soyons bien en phase, sur les sept principales compétences d'un chef de projet efficace. Ensuite, profitant des résultats de l'enquête de terrain, nous étudierons les douze bonnes pratiques de bon sens qui font la différence. La démarche est structurée selon quatre axes principaux d'intervention :

- maîtriser l'organisation du projet ;
- dynamiser la coopération étendue ;
- développer les outils d'assistance à l'anticipation ;
- faciliter l'intégration, accompagner le changement.

Cette démarche développe les douze pratiques de bon sens essentielles pour réussir les projets d'entreprise.

Synthèse, pour faire vite

Quoi ?

Cet ouvrage expose et détaille une démarche d'efficacité pour aller au-delà des simples outils et méthodes procédurales qui ne suffisent guère pour achever un projet, en parfait accord avec les attentes du client et de toutes les parties prenantes dans le délai voulu et au coût prévu.

Pourquoi ?

Les statistiques de taux d'échec des projets ne sont pas une légende. Selon le Standish Group, moins d'un tiers des projets technologiques d'entreprise sont achevés avec succès. Si l'utilisation des méthodes et des référentiels est indispensable, elle n'est pas suffisante. Il faut donc aller au-delà des méthodes et des référentiels, et adopter des principes de bon sens. Ils sont fondamentaux pour un management centré sur l'humain, acteur du projet.

Pour qui ?

Tout manager en charge de la réalisation d'un projet d'entreprise, souhaitant réaliser sa tâche en vrai professionnel, est concerné par cette démarche. Le livre s'adresse autant aux chefs de projet déjà expérimentés qu'aux débutant. Les premiers profiteront de cette lecture pour affûter leurs propres outils ; les secondes trouveront matière à forger leurs propres pratiques.

Où ?

Les entreprises industrielles et commerciales, les administrations, les services publics et les collectivités territoriales, comme toutes les organisations souhaitant mettre en œuvre un projet stratégique de portée technologique et organisationnelle, sont concernés par cette étude.

Comment ?

La démarche, structurée selon quatre axes principaux d'intervention, développe les douze bonnes pratiques pour réussir les projets complexes. Outils, témoignages de professionnels confirmés et recommandations illustrent la démarche. Cette cinquième édition profite des retours d'expérience des précédentes publications et renforce l'accent sur l'efficacité professionnelle du manager.

Combien ?

Il n'y a rien à acheter sinon cet ouvrage. Il faut juste prendre le temps de le lire soigneusement et faire siennes la démarche et les recommandations de bon sens, en écho avec sa propre expérience.

Nouveauté de la cinquième édition

Il est désormais évident que la réussite des projets d'entreprise, complexes par définition, repose essentiellement sur un mode de management privilégiant le facteur humain. Ce thème est au centre de l'étude depuis la toute première édition de ce livre. Profitant des retours d'expérience des utilisateurs de la démarche, cette nouvelle édition adopte une présentation plus didactique afin que cet ouvrage puisse être utilisé comme un guide d'auto-formation. Chacune des douze pratiques a été révisée et complétée, le cas échéant, afin de mieux en faciliter la compréhension et l'assimilation. Un nouveau chapitre introductif à la démarche met l'accent sur les sept compétences indispensables d'un chef de projet efficace d'aujourd'hui. Les modes de conduite de projet ont en effet radicalement changé. À juste titre, les entreprises sont bien plus exigeantes sur la question des retours sur investissement et ne se satisfont plus de solutions standard « prépackagées », comme ce fut couramment le cas lors de la décennie passée. Seul un mode de conduite coopératif permet de bâtir des solutions rigoureusement adaptées au besoin et rapidement opérationnelles.

En complément, chacun des chapitres de cet ouvrage est associé à une page Web spécifique du site www.chef-de-projet.org.

Pour accéder à cette page, il suffit de flasher le code-barres QRcode avec votre téléphone mobile ou de saisir dans votre navigateur le raccourci indiqué, du type http://tb2.eu/c10. Sur chacune de ces pages Web, vous trouverez des informations pratiques, des mises à jour, des liens complémentaires et des références d'ouvrages. L'usage des codes-barres QRcode est aussi expliqué à l'adresse http://tb2.eu/qr »

Descriptif des rubriques

Pour vous aider à repérer facilement un certain nombre d'informations importantes, nous avons créé une série de rubriques. En voici la description :

> « Truc de pro »
> Cette rubrique, correspond à des conseils professionnels de l'auteur à destination des lecteurs.

Remarque

Cette rubrique, permet à l'auteur d'expliciter un propos, de mettre en valeur une idée ou de donner des conseils pratiques.

À RETENIR

Cette rubrique, met en valeur des idées clés en fin de partie ; il s'agit d'une sorte de résumé des points développés.

En préambule

Conduire un projet : une démarche d'entrepreneur

S'il existe un indice significatif de l'inexorable évolution de l'entreprise vers le modèle réactif tant annoncé, c'est bien l'augmentation exponentielle du nombre de projets. Désormais, vivre un projet de l'intérieur n'est plus un « accident » dans la vie d'un cadre. La gestion de projet devient une composante à part entière de sa fonction. Mais si le mode de management par projet a tendance à s'imposer, il faut reconnaître que cette mutation ne se fait pas sans heurts. La conduite de projet est en effet loin d'être un parcours de tout repos. Les statistiques plus ou moins officielles du nombre de projets avortés, tronqués, dérivés de leur rôle initial ou jamais achevés ne sont pas là pour rassurer les managers. Il est vrai qu'en poussant plus avant l'analyse, on notera à coup sûr quelques exagérations de part et d'autre, et le tableau n'est peut-être pas aussi noir que certains aiment à le présenter. Il n'en demeure pas moins que les solutions, une fois mises en œuvre, sont rarement de franches réussites. Nombre d'entreprises sont contraintes de se contenter d'un succès pour le moins mitigé dont la difficile intégration engendre une multitude de coûts imprévus. De quoi contribuer à la mauvaise humeur ambiante !

Un projet, une entité complexe en univers incertain

Pourtant, à l'analyse des accouchements à complications, il ne semble pas que l'incompétence des équipes de réalisation, argument trop fréquemment invoqué par les clients, soit justifiée dans tous les cas. Les ingénieurs d'aujourd'hui sont, au contraire, particulièrement bien armés en termes de compétences et de formation pour faire face à l'accroissement de complexité des systèmes à mettre en œuvre.

Ce n'est pas non plus en remettant systématiquement en cause les méthodes employées que l'on trouvera une explication satisfaisante. Depuis plusieurs décennies, les travaux autour des méthodes ont fait d'énormes progrès. Et si le mythe de la méthode universelle, efficace en toute situation, est à jamais révolu, il existe suffisamment de démarches spécifiques éprouvées pour aborder efficacement les problèmes d'entreprise les plus courants.

Se focaliser sur ces deux arguments récurrents, et pour le moins fallacieux, ne contribue en rien à l'infléchissement de la courbe des échecs. La raison essentielle de la difficulté à maintenir les projets actuels sur les rails est bien plus fondamentale : il est en effet temps d'admettre que les projets de l'entreprise ne se déroulent pas en univers certain. Ils sont par définition un foyer d'imprévus !

Contrairement aux usages hérités du passé, les projets de l'entreprise ne se déroulent que très rarement dans une simple dimension linéaire. Avec des délais toujours plus courts, des budgets compressés, une innovation permanente, l'utilisation de technologies trop jeunes, ou encore le rapprochement de compétences multidisciplinaires provenant de divers horizons, les projets actuels sont d'une tout autre complexité.

Bien gérer un projet

Définition 1 : un projet a pour objet d'utiliser le plus efficacement possible les ressources humaines et techniques disponibles, afin d'apporter un nouveau service ou un produit précis, dans un environnement donné, en un temps défini et avec un budget limité. Il a sa raison d'être en un but bien défini et unique : l'équipe projet n'existait pas avant et n'existera plus après.

Définition 2 : un projet est un processus unique qui consiste en un ensemble d'activités coordonnées et maîtrisées, comportant des dates de début et de fin, entrepris dans le but d'atteindre un objectif conforme à des exigences spécifiques, telles que les contraintes de délais, de coûts et de ressources (ISO 10006).

Un projet est bien géré lorsqu'il maximise la satisfaction des parties prenantes (il satisfait donc le client) et la qualité de réalisation dans un système à contraintes multiples : budgets fermes et définitifs, délais bornés, utilisation rationnelle et comptée des ressources disponibles.

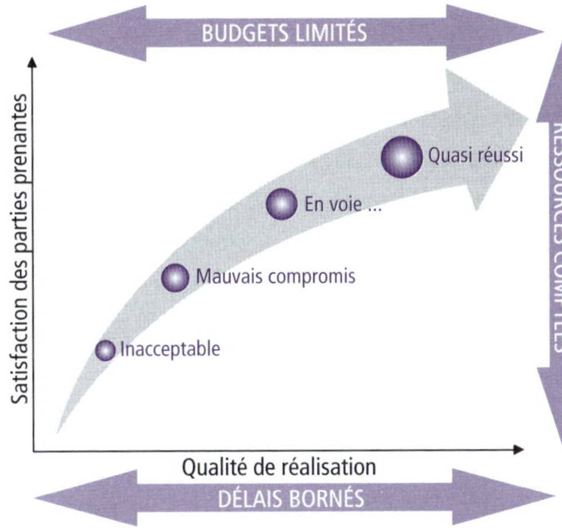

Figure 1 : Un projet bien géré

Les budgets ont été estimés en tenant compte du retour sur investissement prévu. Tout dépassement remettra donc en cause la rentabilité globale, et par voie de conséquence l'opportunité du projet. Le terme qualité sous-entend une réalisation dans les règles de l'art, respectant les critères de maintenabilité, d'évolutivité globale, d'intégration à l'existant et de simplicité d'utilisation.

Se tenir prêt à réorienter le projet en cours de réalisation

Quels que soient la nature du projet, la technologie à mettre en œuvre ou le prestataire choisi, il ne sera pas possible de tout prévoir exhaustivement dès l'origine. Espérer dérouler le projet le long d'un parcours balisé et borné, tel un fil rouge, tient plus du fantasme que de l'amère réalité. C'est pourtant cette approche d'essence purement déterministe qui est le plus souvent retenue. La phase de préparation devient alors primordiale, et toute la réussite repose sur la qualité des prévisions. C'est uniquement à ce stade que seront considérées les décisions essentielles en présupposant qu'en cours de projet il suffira de suivre les plans et d'appliquer les procédures. Et c'est bien là que le bât blesse.

En cours de réalisation, les décisions à prendre, inhérentes à tout projet complexe, ne se limitent absolument pas au simple registre procédural. Ce sont de véritables décisions d'orientations qui conditionnent au premier plan l'issue du projet. En laissant ces décisions sous la responsabilité exclusive des chargés de la réalisation technique, comme c'est trop souvent le cas, il ne faut pas être surpris lorsqu'au final le projet répond précisément aux exigences techniques mais se tient bien loin des ambitions initiales de création de valeur.

Pour prévenir quelque peu le fossé existant entre les services espérés et le produit livré, il est important de remettre en question les principes de conduite de projet. Mais, avant toute autre action, il faut commencer par dépasser l'endoctrinement déterministe enfoui au plus profond de notre éducation, pour admettre que tout ne se passera pas comme prévu et que l'impondérable sera au rendez-vous ! Lorsqu'il surviendra, ce ne sera pas un manque de chance. Ce sera simplement la réalité de la conduite de projet qui est tout sauf un cas d'école. Une fois cette thèse fondamentale admise, et ce n'est pas chose aisée comme on le verra plus loin, il faut être prêt à prendre les devants, et mettre en place une véritable capacité à réagir, voire à pro-agir, tout au long du projet et même au-delà, en tenant compte équitablement de l'ensemble des critères de performance.

Le chef de projet technique ne peut traiter seul les imprévus

Depuis déjà pas mal de temps, nombre d'experts proposent d'élargir les compétences des responsables de projet, afin qu'ils tiennent compte plus précisément des enjeux, autrement dit d'éléments informels et instables, susceptibles d'évoluer avec le temps. Si le propos est légitime en apparence, il faut avoir vécu un projet de l'intérieur pour mesurer à quel point ce genre de recommandation est illusoire. Avec la complexité inhérente aux projets de l'entreprise, liée à l'absence de standards, à l'évolution perpétuelle des technologies et à l'incompatibilité des générations de produits, le responsable du projet est rapidement pris à 110 % par les problèmes techniques, de gestion d'équipes et de maîtrise des budgets. Espérer le voir lever la tête du guidon pour lorgner régulièrement vers des enjeux mal définis est une pure chimère !

Il faut bien admettre que les équipes de réalisation, *a fortiori* lorsqu'elles sont externes, sont rarement tenues au courant des ambitions stratégiques de la direction. Pas facile de suivre les enjeux lorsqu'on ne les connaît que trop superficiellement et que l'on ne dispose pas d'un temps élastique !

> Les décisions prises dans l'urgence, lorsque l'on n'a pas le temps de se retourner, d'évaluer les véritables enjeux et de soupeser les alternatives, sont une des principales causes d'échec du projet.

Les projets d'entreprise souffrent d'un défaut de communication

Dès le lancement du projet, il existe une incompréhension capitale entre les donneurs d'ordres, futurs utilisateurs du système, et les prestataires, maîtres de l'art, chargés de la réalisation. Par manque de dialogue, ces incompréhensions initiales tendent à devenir chroniques au fur et à mesure de l'avancement du projet.

Par principe, les clients et les prestataires n'ont pas la même notion de la performance. Ils ne visent pas la même cible et la valeur créée s'en ressent. Le client attend une solution offrant des services originaux, adaptée à ses modes de fonctionnement et contribuant à une prise d'avantage concurrentiel. Le prestataire souhaite limiter les risques et reproduire ce qu'il a déjà fait auparavant et qu'il connaît bien. Son optique de performance est de l'ordre de la recherche de la standardisation et de la reproductibilité. Le désaccord est fondamental. Aussi exhaustifs que puissent être les cahiers des charges, contrats et autres documents initiaux, cette incompréhension initiale ne sera pas résolue simplement.

Figure 2 : Les relations client-fournisseur

L'incompréhension permanente entre les clients commanditaires du projet et les ingénieurs en charge de la réalisation est vraisemblablement la principale cause des insatisfactions réciproques, une fois le système livré.

Réformer la notion de qualité : il y a urgence !

Il n'est plus raisonnable de se focaliser sur la maximisation de l'habituel tripôle : délais, budgets et qualité – ce dernier paramètre étant le plus souvent sacrifié aux dépens des deux premiers. Quelle peut bien être l'utilité d'un système, achevé dans les temps et sans trop de dépassement de budget, qui, bien que juridiquement conforme au contrat initial, ne répond pas aux attentes réelles du client ? Il est peut-être temps maintenant de changer de référentiel, pour placer la notion de valeur des services rendus au regard du client au premier plan des préoccupations.

En fait, c'est peut-être le concept de qualité qui mérite un bain de jouvence. Confiné depuis trop d'années au cœur d'un processus de normalisation procédural, il en a perdu toute substance. Il faut vraisemblablement dès à présent en réformer l'acception usuelle et revenir au sens originel. Car, c'est bien le concept de qualité qui, porteur d'un sens bien plus profond que ne pourraient le laisser supposer les pratiques en vigueur, répond à cette notion de valeur pour le client.

Il suffit pour cela de se référer à la définition proposée par le TQM et reprise notamment par les concepteurs des normes ISO : « La qualité est l'aptitude d'un ensemble de caractéristiques intrinsèques d'un produit, d'un système, d'un processus à satisfaire les exigences des clients et autres parties intéressées. » Le problème n'est pas au niveau du concept énoncé. Sur le principe, nous sommes tous d'accord avec cette formulation. Il s'agit plutôt de la manière dont la définition est comprise et mise en pratique sur le terrain. Ce que nous proposons, c'est de remonter au niveau de la définition, sans se laisser influencer par les pratiques actuelles.

La qualité, vue sous son aspect de satisfaction des exigences clients, doit être perçue comme une conviction de « bien faire ». « Bien faire », ce n'est pas uniquement respecter les plans et les procédures, tout en suivant les contrats initiaux à la lettre. Et si « bien faire », c'est utiliser au mieux ses compétences et sa maîtrise des règles de l'art, c'est aussi utiliser son intelligence et son bon sens pour s'approcher au plus près des attentes du client, tout en respectant les exigences du contrat. « Bien faire » exige de donner une part de soi-même pour aller chercher ce qui n'est pas écrit. Seule une certaine communion d'esprit de l'ensemble des acteurs du projet, prestataires et clients, permet d'accéder à ce niveau ultime de la performance.

En bâtissant un référentiel fédérateur autour de cette notion rénovée de la qualité au sens de la création de valeur, on augmentera sérieusement les chances de délivrer au final les services attendus. Client et prestataire pourront alors communiquer en se fondant sur des références de performance communes. Les deux cibles, dont nous parlions ci-dessus, tendent ainsi à se confondre[1].

---

1. Lire à ce sujet l'excellent ouvrage de Robert Pirsig, *Traité du zen et de l'entretien des motocyclettes*, véritable best-seller en langue anglo-saxonne sous le titre de *Zen and the Art of Motorcycle Maintenance*. En deux ou trois mots, ce roman, car il s'agit bien d'un roman, relate une traversée des États-Unis à moto d'un père et de son fils, un peu à la manière des histoires que se contaient les pionniers le soir à la veillée. En substance, l'auteur propose une redécouverte de l'esprit qualité dans tous les domaines. Cette redéfinition de la qualité repose sur l'humain, ses émotions, sa sensibilité et sa subjectivité. Elle débouche nécessairement sur une forme d'expression artistique. (extrait de http://tb2.eu/zen).

Jouer la carte de la synergie

Dépasser le modèle de pilotage bicéphale

Bien entendu, on ne peut se contenter d'une simple amélioration de la communication entre les différents acteurs du projet. Augmenter la périodicité ou le nombre de rapports, ou encore s'équiper d'un outil de type Intranet, ne sera pas d'un grand secours. Sans la volonté d'action et son corollaire, la capacité d'action, l'information est inutile. C'est vraisemblablement à ce stade qu'il faut envisager de réformer la traditionnelle dichotomie de responsabilité entre la maîtrise d'œuvre et la maîtrise d'ouvrage.

Avec la complexité actuelle des projets d'entreprise, il est hautement recommandé de dépasser ce modèle de pilotage bicéphale et de privilégier la mise en place d'une cellule décisionnelle, réunissant au minimum un responsable de projet technique et un manager reconnu à larges responsabilités. Cette forme de pilotage privilégiant la synergie sera incontournable lorsque l'ampleur du projet ou l'impact stratégique seront plus que significatifs.

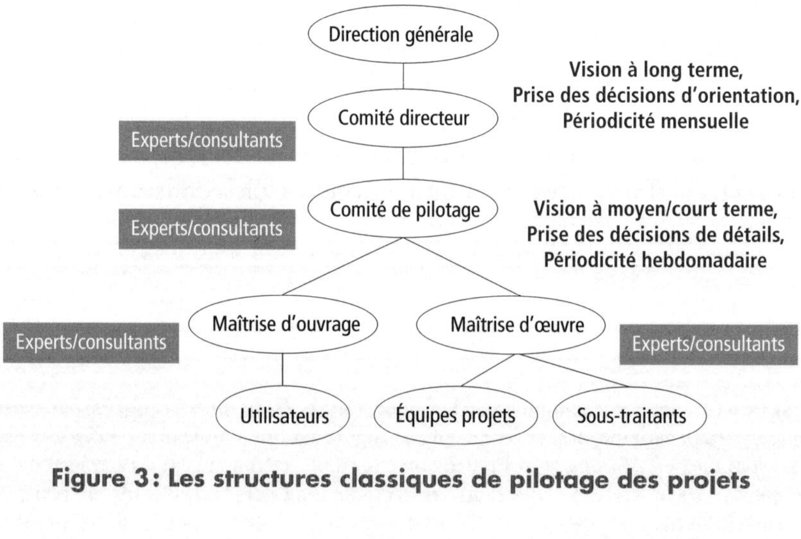

Figure 3 : Les structures classiques de pilotage des projets

Le modèle de la figure 3 n'est pas figé et comporte plus ou moins de structures selon l'ampleur du projet (comité scientifique, comité d'avancement opérationnel, la maîtrise d'ouvrage peut aussi se subdiviser selon les niveaux d'intervention et de responsabilité…).

Il est recommandé d'éviter les structures de pilotage aussi hiérarchisées, notamment pour les projets les plus courts. Elles ne font que diluer les responsabilités, éloignent la prise de décision du terrain et génèrent de la paperasse. On ne se méfiera jamais assez des dérives bureaucratiques, et plutôt que de multiplier les commissions et d'augmenter les niveaux hiérarchiques. on préférera résoudre les problèmes en jouant la carte de la réactivité et en responsabilisant les équipes de terrain.

Adopter la bonne attitude

Sécurité absolue *versus* progrès continu

La réussite du projet est directement dépendante du comportement adopté par le manager en charge de sa conduite. Lors du lancement d'un nouveau projet, il n'existe en fait que deux types d'attitude :

- La première attitude privilégie la *sécurité absolue*. Le manager en charge du projet est exclusivement motivé par le besoin de préserver ses acquis. Il limite tout au plus les risques potentiels afin de ne pas être personnellement mis en cause en cas de problème. Il applique un principe de précaution systématique et multiplie les contrôles et les vérifications. Le préventif prévaut durant toute la démarche, et toute tentative de sortir des sentiers battus est combattue. La peur de la faute tue dans l'œuf toutes les initiatives. Prudence et originalité sont, en effet, bien peu compatibles. Le chef de projet stresse son équipe, exige de multiples rapports et s'assure à tout instant que les méthodes et référentiels sont suivis à la lettre. Il ne vise que *l'obligation de moyens*. La conscience tranquille, il sera donc prêt à rendre compte si jamais tout ne se passe pas comme prévu. Cette démarche peut fonctionner lorsque les projets sont particulièrement simples et non stratégiques. Mais dès que les enjeux sont plus importants, le projet se complexifie et l'attitude de prudence extrême montre rapidement ses limites. Les résultats ne seront certainement pas au rendez-vous.
- La seconde attitude privilégie le *progrès continu*. Elle est motivée en priorité par la réussite du projet. Le manager adoptant ce second type de comportement cherche aussi à préserver ses intérêts, n'en doutons pas.

Simplement, il sait pertinemment que seul le résultat fera la différence. Il adopte donc un comportement plus constructif, orienté *obligation de résultats*. Il dynamise la créativité, aiguise son écoute et facilite la recherche de solutions originales cadrée par les fondamentaux de l'ingénierie de son domaine d'activité. C'est un professionnel qui comprend l'importance stratégique des projets. Il est parfaitement conscient de la complexité de la réalisation, autant sur les plans technologique et organisationnel que sur le plan humain. Il est convaincu de la pertinence des démarches d'amélioration continue comme seules garanties du succès. Cet ouvrage s'adresse aux chefs de projet de cette seconde catégorie.

Un comportement responsable

À l'analyse, la réussite des projets est toujours liée à la présence d'une équipe compétente et responsable, d'un objectif réaliste et bien défini, d'un horizon suffisamment court, de la mise à disposition en temps et en heure de moyens concrets et disponibles et de la présence quasi permanente d'un membre influent de l'entreprise qui n'a pas peur de quitter le refuge de sa fonction pour prendre ses responsabilités au cœur même du projet.

Mais il n'est pas des plus évidents de se retrouver au cœur d'un projet. Le manager doit en effet sortir de son domaine d'intervention et prendre des responsabilités habituellement dévolues à un autre acteur. Et sans une volonté clairement affichée d'au moins un manager, cette cellule n'est pas aisée à bâtir.

Reconnaissons, à la décharge des managers réticents, qu'il n'est pas sans risques pour sa carrière personnelle de se retrouver en première ligne d'un projet complexe. Nous vivons un monde relativement manichéen qui ne supporte pas les nuances. Participer à un échec, même s'il est notoire que la responsabilité de ce dernier n'incombe en rien à un acteur spécifique, reste malgré tout une expérience négative toujours nuisible à un parcours professionnel.

Cependant, il faut bien finir par dépasser cette « culture de l'échec » qui tend à prendre une ampleur dommageable au développement des organisations. Ainsi, il n'est pas rare de voir des cadres de l'entreprise impliqués malgré eux dans un projet adopter un véritable comportement de survie. Tous leurs actes s'inscrivent selon une tactique défensive dans le but d'éviter la moindre implication en cas d'échec. Ces comportements déviants, habituellement jugés comme insignifiants, sont hautement condamnables. Ce sont de lourds facteurs aggravants, précipitant encore plus rapidement le projet vers l'échec.

Qu'il réussisse ou qu'il rate, un projet fait toujours des heureux. Si ce n'est, en cas de réussite, ceux qui y ont participé, ce sera, en cas d'échec, ceux qui se seront tenus à l'écart. Ceux qui ont connu une « vie de projet » ont rencontré cette classe d'opportunistes qui, suffisamment rusés et avertis, savent aussi bien détecter les projets en voie de réussite pour s'y glisser subrepticement que ceux en déroute pour les quitter lorsqu'il est encore temps et les discréditer à distance. Quel talent ! N'y a-t-il pas moyen de les utiliser plus efficacement pour le plus grand bien de la communauté ?

Une dimension entrepreneuriale de la conduite de projet

Les projets sont porteurs d'enjeux stratégiques dépassant largement les contingences matérielles. Participer à la conduite d'un projet est aussi une expérience particulièrement enrichissante. C'est vraisemblablement cet aspect qu'il faut mettre en avant, jalon majeur d'une carrière. Chaque cadre ou manager aura ainsi un grand intérêt à se doter rapidement d'une culture projet afin de faire face du mieux possible, le cas échéant, à ses nouvelles responsabilités. Mais la culture projet ne s'improvise pas. Au-delà des méthodes et techniques, c'est véritablement un état d'esprit qu'il faut adopter. Si la méthode est indispensable, elle est loin d'être suffisante.

Avec la complexité actuelle des technologies à mettre en œuvre et l'ampleur des conséquences liées à leurs impacts sur les modes de fonctionnement de l'entreprise, on ne peut se contenter d'appliquer des plans, de se référer à des règles et de suivre des procédures.

Seuls les managers qui s'impliquent et utilisent leur cerveau en totalité, c'est-à-dire l'hémisphère gauche, dédié à la réflexion analytique, et l'hémisphère droit, le foyer de l'intuition, sont à même de donner une dimension entrepreneuriale à la conduite de projet, seule voie de réussite à suivre. Dans la suite de ces lignes, nous développerons une démarche originale afin d'identifier et d'isoler les articulations de la conduite de projet en univers complexe. Ces articulations sont les points stratégiques où le manager doit redoubler d'attention et exercer son bon sens naturel. Mais avant d'aborder la démarche proprement dite, attardons-nous quelques instants pour passer en revue les six principales phases du projet afin de nous assurer que nous partageons bien le même référentiel.

Les phases essentielles de la gestion de projet

Un projet est un processus continu qui démarre avec une idée, une opportunité, un besoin identifié, une exigence client. Il se conclut au moment de la recette par la mise à disposition d'un nouveau produit, d'un nouveau service. Au cours de son déroulement, le projet vivra différents stades de gestation identifiés comme des phases. Il passera par des niveaux d'achèvement partiel, que l'on nomme les jalons.

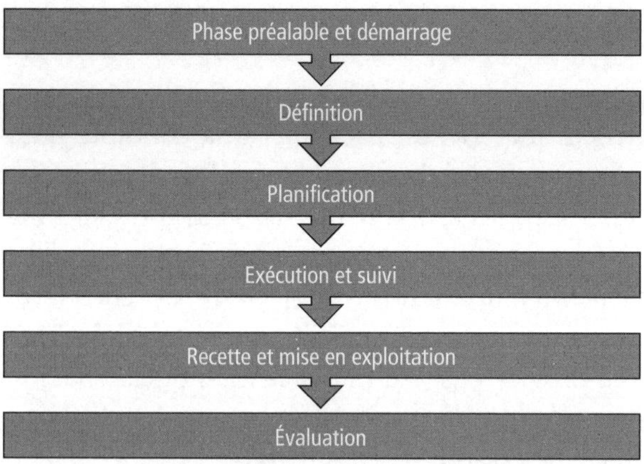

Figure 4: Les 6 phases du projet

Phase préalable et démarrage

Étude d'opportunité et de viabilité

Un projet est souvent long, coûteux et consommateur de ressources. Avant de se lancer dans l'aventure, une étude d'opportunité et de rentabilité s'impose. L'étude préalable permettra de réunir suffisamment de données afin d'estimer la viabilité du projet en termes d'opportunité stratégique et de rentabilité financière.

Cette étude concise *(business plan),* mais organisée en plusieurs volets tout de même, aborde le plus exhaustivement possible les besoins du client demandeur, en tout cas selon les données disponibles à la date d'élaboration. Ce dossier expose les aspects technologiques, organisationnels et financiers du projet. Il comporte un chapitre traitant des exigences en ressources techniques et humaines, autant en termes de besoins que d'impact sur l'existant.

Un chapitre marketing traitant notamment aussi bien de l'accroissement de la part de marché potentiel que de l'amélioration de l'image de marque trouvera sa place au sein de ce dossier. L'identification des facteurs de succès et des risques d'échec soigneusement conduite facilitera la décision au moment du choix. Il s'agit en un mot d'estimer le retour sur investissement, le plus précisément possible, tout en s'assurant de la potentialité d'achèvement réussi.

Le business plan

Un *business plan* projet comporte, en général, les thèmes suivants.

- *Executive summary* : les points forts du projet résumés en quelques pages.
- Description du contexte : les projets en cours, les projets passés.
- Produits et services : description du produit/service à réaliser, liste des avantages, identification des clients potentiels.
- Analyse de marché (*market analysis*) : étude précise de la part de marché potentielle du produit ou service à réaliser. Impact, besoins clients et positionnement de la concurrence.
- Stratégie d'implantation : identification des leviers de succès, stratégie de mise en œuvre.
- Équipe : définition des principaux acteurs du projet, rôles et responsabilités.
- Plan de financement détaillé :
  - identification des profits attendus et pertes prévisibles, estimation du cash-flow ;
  - définition des modes de financement, estimation des emprunts nécessaires et de la rentabilité attendue, liste des garanties proposées aux investisseurs en cas de retournement de situation.

L'*executive summary* est la partie la plus importante du dossier. Ce document de quelques pages résume les chapitres clés et les points forts du projet. Il sera rédigé en dernier lieu, une fois que les tenants et les aboutissants du projet sont bien en tête et qu'il ne reste plus trop d'inconnues.

Le *business plan* est aussi un document de communication. Pour une diffusion relativement large, on n'oubliera pas les élémentaires mesures de discrétion. Dans ce cas, un plan allégé spécifique à la diffusion sera vraisemblablement la solution.

Définition du projet

Pour bien entreprendre un projet, il est important de préciser au préalable le contexte d'exécution, la liste des acteurs concernés, les parties prenantes ainsi que les objectifs à atteindre (financiers, stratégiques, opérationnels…). Un découpage fonctionnel précis s'impose afin d'identifier clairement les besoins en termes de délai, de matériel et de profil d'intervenants. Le WBS (*Work Breakdown Structure*) proposé par le PMI (*Project Management Institute*) est un outil adapté à cette opération. Une fois complété de la définition des standards exigés, il sera alors possible d'ajuster et de préciser la répartition de l'enveloppe budgétaire.

Le document de spécifications sera complété d'une étude d'impact précise (dépendances) afin d'éviter les mauvaises surprises en cours de réalisation. L'identification des contraintes de réalisation, critères de succès et risques potentiels sera réalisée dans la foulée.

Tous les documents produits seront approuvés en priorité par les clients directs et indirects puis par les autres parties prenantes de premier plan.

Planification du projet

Au cours de cette phase de planification, le projet sera découpé en tâches représentant chacune une unité d'exécution. L'ensemble de ces tâches sera alors organisé selon un plan d'exécution présentant l'ordre et les délais impartis, ainsi que l'utilisation des ressources nécessaires. Il existe différents outils pour mener à bien cette tâche, le WBS, dont il est fait mention ci-dessus, le Pert, le CPM et le Gantt, pour ne citer que les plus utilisés[1]. Il sera alors temps de définir les rôles et de constituer les équipes.

Définition des plans d'approvisionnement, plan qualité et plan de communication. Mise en place des jalons.

Exécution et suivi

Le planning et le plan d'organisation sont les guides de la réalisation du projet. Les jalons fixés au préalable sont les repères de l'avancement du projet et le contrôle de dérives. Les réunions périodiques sont essentielles. Lieu d'échange et de communication, elles garantissent non seulement une mesure plus fine de l'avancement en complément du *reporting,* mais aussi l'émergence des problèmes lorsqu'il est encore temps de les résoudre. L'anticipation est d'ailleurs une des clés de la réussite des projets. Les réunions sont justement le lieu où l'on peut débattre des problèmes potentiels et des risques à prévenir.

> Au terme de chacune des premières phases, la viabilité, tout comme l'opportunité du projet, peut être remise en question. Un projet peut être stoppé en cours parce qu'il ne correspond plus aux attentes stratégiques ou aux critères de rentabilité financière de l'entreprise. Un projet stoppé à temps ne sera pas considéré comme un échec.

Remarque : la gestion des ressources et des approvisionnements est une préoccupation quotidienne.

Les changements et modifications en cours de réalisation sont toujours d'une gestion délicate. Ils seront gérés au cas par cas. L'imprévu est en effet l'ennemi du chef de projet.

Le pilotage se déroule selon les 3 aspects suivants.

- La prévention revient à anticiper les événements et à s'assurer du bon déroulement à venir.
- La détection identifie les problèmes à leur source afin de conserver toute latitude pour les résoudre.

1. Les outils WBS, Pert, CPM et Gantt sont présentés p. 64 et suivantes.

- L'action correspond à la pleine capacité de décider et d'agir qui constitue une part intégrante du pilotage de projet.

Recette et mise en exploitation

La recette correspond à l'évaluation du produit ou des services selon les exigences prescrites. La mise en exploitation s'accompagne de campagnes de formation dans une stratégie plus globale d'accompagnement du changement. Il est recommandé de maintenir une équipe réduite au-delà de la recette pour faciliter la transition et résoudre les dysfonctionnements.

Évaluation

Après une période raisonnable de fonctionnement, il est bon de procéder à des audits périodiques d'évaluation. Ces derniers permettent de s'assurer que la réponse apportée par le fruit du projet est toujours pertinente et qu'elle s'inscrit dans une dimension durable. Il est alors temps d'envisager les évolutions.

Un projet est un investissement. C'est aussi une prise de risques. Particulièrement complexe, son issue n'est en rien gagnée. Il est important de suivre les phases rapidement présentées afin de bien rationaliser le déroulement et de ne pas laisser de porte d'entrée à l'arbitraire et à la désinvolture. Mais il est aussi bon de savoir qu'à l'analyse les principaux échecs ont toujours une origine humaine. C'est bien pour cela que je vous propose de poursuivre cette étude sous l'aspect des pratiques de bon sens appliquées par les chefs de projet avertis, et donc efficaces.

	Phase préalable et démarrage	**Définition**	**Planification**	**Exécution et suivi**	**Recette et mise en exploitation**	**Évaluation**
Pratique 1. Référentiel de valeur	X	X	X	X	X	X
Pratique 2. Planification			X	X	X	
Pratique 3. Synchronisation des rôles			X	X	X	
Pratique 4. Management			X	X	X	
Pratique 5. Coopération			X	X	X	

Pratique 6. Mesurer la performance				X	X	X
Pratique 7. Suivi des enjeux		X	X	X	X	X
Pratique 8. Amélioration continue		X	X	X	X	X
Pratique 9. Risques d'échec	X	X	X	X	X	
Pratique 10. Chaîne de valeur	X	X	X	X	X	X
Pratique 11. Piloter le changement		X	X	X	X	X
Pratique 12. Les coûts du changement	X	X	X	X	X	X

Figure 5 : Les points d'impact de la démarche de « bon sens » sur les différentes phases du projet

À propos des méthodes dites « agiles »

Le déroulement classique d'un projet suit à peu près le schéma brièvement résumé ci-après. D'abord, les spécificités fonctionnelles sont soigneusement et exhaustivement définies en accord avec les attentes initiales des clients. Puis le plan de réalisation est élaboré. Il précise les détails du déroulement du projet. Suivre à la lettre le plan de réalisation ne peut que conduire à un produit conforme. Il sera alors validé lors de la recette, grâce à des jeux d'essai mis au point selon les spécifications initiales. Enfin, le produit est livré.

Il existe de multiples domaines d'activité où ce schéma ne peut fonctionner correctement. Lorsque les spécificités sont difficiles à préciser exhaustivement au préalable, le produit fini, bien que conforme au cahier des charges, risque de ne pas satisfaire le client. Dans l'ingénierie informatique, par exemple, les attentes des clients sont quasi impossibles à verrouiller une fois pour toutes. Pour résoudre ce handicap, les méthodes de type « agiles » proposent une approche de type « adaptatif » afin de pallier les faiblesses du modèle « déterministe » des projets au déroulement plus classique. Fondées sur un dialogue permanent avec le client, les méthodes dites « agiles » ne s'opposent pas aux modifications en cours de réalisation. Bien au contraire, l'adaptabilité est leur principe fondateur. Dotées de la capacité de réviser très régulièrement les plans, les méthodes « agiles » garantissent dans la durée la cohérence du projet de réalisation avec les attentes du client. Le principe est simple, en tout cas dans sa formulation si ce n'est dans son application. Au terme de courtes itérations, des « sprints » de deux semaines en moyenne, les équipes de développement livrent très régulièrement des produits « finis » évaluables et donc améliorables. La réussite du projet repose sur une étroite confiance avec le client et une communication en continu. La qualité des réunions est la clé de la démarche.

Les méthodes « agiles » sont efficaces lorsque l'on peut rapidement produire un prototype. Lors des projets informatiques, une bonne part des fonctionnalités sont directement appréciables depuis les interfaces utilisateurs. C'est d'autant plus vrai pour les applications de type Web. Il est donc tout à fait logique que les premières expérimentations des méthodes de type « agile » se soient déroulées au sein de l'ingénierie informatique. Bien entendu, les utilisateurs des méthodes « agiles » ne manqueront pas de profiter, eux aussi, des pratiques de bon sens expliquées au fil des pages suivantes.

À RETENIR

Pour conduire efficacement un projet, il n'existe pas d'autre solution que d'adopter un comportement d'entrepreneur. C'est-à-dire une personne qui maîtrise suffisamment les méthodes pour ne pas s'y fier aveuglément, qui a compris que la complexité nécessite une prise de décision adaptée, qui sait ce que le terme qualité veut dire et a parfaitement admis que plutôt qu'un chef, il était un catalyseur de synergies.

http://tbe.eu/c0

Les sept compétences du chef de projet efficace

Il n'est guère possible d'exceller dans un métier si l'on ne dispose pas des aptitudes minimales que requiert son exercice. Ainsi, il sera bien difficile de devenir un chef de projet efficace si l'on n'apprécie pas plus que cela les relations humaines au quotidien. Ce n'est pas en soi un défaut. Il est simplement recommandé de choisir un métier où le relationnel n'est pas fondamental à sa pratique. S'il s'agit d'une mission ponctuelle imposée par votre direction, il est bon de savoir que votre faiblesse se situe sur ce point précis.

Pour exercer efficacement un métier, les aptitudes sont nécessaires, mais pas suffisantes. Le professionnel est aussi tenu d'acquérir des compétences bien spécifiques. Comme le précise Claude Lévy-Leboyer[1] : « *Les aptitudes et les traits de personnalité sont des caractéristiques individuelles qui expliquent et justifient le comportement de chacun. Les compétences dépendent d'expériences spécifiques et sont donc plus étroitement liées à un secteur professionnel.* »

Ainsi, on peut apprécier les contacts humains sans pour autant être vraiment armé pour conduire un échange difficile avec des interlocuteurs aux intérêts divergents. C'est pourtant une exigence dans la conduite de projets complexes. Il faudra alors développer cette compétence. La première partie de ce livre décrit les sept compétences

1. *La gestion des compétences*, Eyrolles, 2009.

incontournables pour exercer son métier de chef de projet dans les meilleures conditions et avec le maximum de satisfaction.

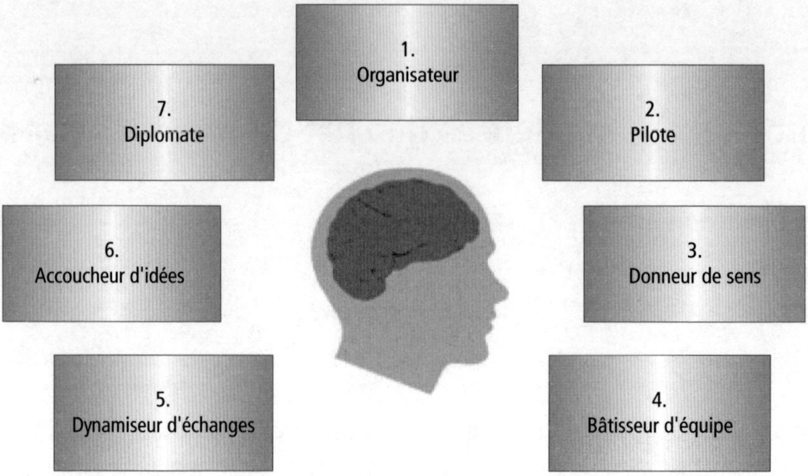

Figure 6 : Les sept compétences du chef de projet efficace

1. Organisateur

Les compétences à développer

Le bon organisateur est un analyste

Les managers qui privilégient leur « cerveau gauche » sont mieux armés pour développer la compétence d'organisateur. Au contraire des « cerveaux droits », plus intuitifs, les « cerveaux gauches » sont naturellement enclins à préférer les démarches de type analytique pour résoudre les problèmes. C'est ce que l'on attend d'un bon organisateur. Il sait décomposer un problème complexe en sous-problèmes parfaitement maîtrisables. Il agence, ordonne et synchronise les tâches nécessaires pour réaliser le projet dans le respect des délais prévus et des limites budgétaires.

Il est rationnel et il sait arbitrer

Le bon organisateur connaît la différence entre le possible et l'impossible.

Il n'utilise jamais les formules et expressions telles qu'« *Impossible n'est pas français* » ou « *il ne savait pas que c'était impossible, alors il l'a fait* ».

Il sait d'expérience que le parcours sera parsemé d'imprévus et préfère s'assurer que le projet est bien maintenu dans les limites du raisonnable. Il n'engage pas son équipe sur des réalisations trop difficiles au vu des compétences disponibles. Il ne garantit pas non plus des délais trop serrés. Une journée de travail compte huit heures. On peut de temps à autre la prolonger un peu pour assurer une urgence impérative, mais ce n'est pas une bonne solution. Au-delà d'une certaine charge de travail, le rendement s'en ressent.

Il est raisonnablement méthodique

Le bon organisateur est aussi un adepte du *lean management*. Il n'a pas peur d'éliminer les tâches inutiles au sens de la finalité du projet.

Il évite ainsi la réalisation de travaux qui ne correspondent à aucune attente des clients, comme des fonctionnalités ou des extensions non demandées. Il limite la charge de travail des membres de l'équipe en éliminant sans regret les *reportings* inutiles et les séances de pointage par activité dont les férus de la comptabilité analytique sont friands. De même, il sait prendre ses distances avec la rigueur des méthodes utilisées. Il n'hésite pas à les adapter aux besoins précis du projet en cours de réalisation, quitte à alléger les procédures trop lourdes et à supprimer celles qui se révèlent peu utiles.

C'est un homme de dialogue

Il sait écouter les autres ; il comprend les besoins et tient compte des remarques. Il a bien compris que les plans n'existaient que pour être révisés.

Comment s'améliorer ?

Tous ceux qui ont adopté de bonnes habitudes d'organisation personnelle ont déjà un peu d'avance. Ils savent en effet gérer un planning et définir les priorités[1].

Un bon organisateur est aussi un communicant. Il est impératif de développer son goût pour les démarches coopératives lors de l'établissement des plannings et de l'ordonnancement.

1. Voir à ce sujet le supplément « Gestion du temps » disponible sur le site www.chef-de-projet.org, réservé aux lecteurs de ce livre.

En référence :

Bonne pratique n° 1	Construire le référentiel de valeurs
Bonne pratique n° 2	Privilégier la réactivité
Bonne pratique n° 12	Inclure les coûts de l'intégration dans le budget initial
Outil efficacité axe n° 1	Les techniques de la négociation
Outil efficacité axe n° 3	La gestion du temps

Facteurs d'échec à combattre

Le manager qui n'aime pas se remettre en question et n'écoute pas les autres ne saura pas arbitrer les priorités. C'est un obstacle pour développer la compétence de bon organisateur.

Un comportement trop bureaucratique n'est pas non plus une qualité. Exiger le suivi des procédures à la lettre et imposer à tout moment des comptes rendus (c'est-à-dire de « rendre des comptes ») n'est pas la bonne attitude pour conduire les projets complexes de l'entreprise.

2. Pilote

Les compétences à développer

Le bon pilote est un navigateur

Le déroulement d'un projet n'est pas un long fleuve tranquille. Il ne suffit pas de contrôler le bon accomplissement des tâches, en conformité avec les prévisions, pour parvenir sans coup férir à un résultat satisfaisant pour tous les clients. Moins impliqué au cœur de la réalisation proprement dite, le manager profite de sa position pour collecter et analyser toutes les informations disponibles, que ce soit au sein de l'équipe, auprès des parties prenantes ou à l'écoute des autres professionnels. C'est ainsi qu'il enrichit sa perception de la situation et peut élaborer des schémas prospectifs pour conduire le projet à son terme dans les meilleures conditions.

C'est un adepte de la prise de décision collective

Dans le cas optimal d'un pilotage coopératif, le manager communique aux membres de l'équipe les éléments d'information à l'origine des choix suggérés.

Il sait être une « vigie »

Le bon chef de projet ne reste pas les yeux braqués sur le rétroviseur, c'est-à-dire sur le parcours accompli. Il regarde aussi devant lui pour anticiper, et sur les côtés pour prévenir les risques et les menaces. Il tient à jour la table des risques préparée au moment du lancement, et suit de près les menaces potentielles pouvant compromettre le déroulement du projet. Un projet dérive lentement, mais sûrement. Chaque microsignal mérite d'être soigneusement étudié.

C'est un gestionnaire

Un bon manager est aussi un gestionnaire accompli. Il gère avec méthode toutes les ressources, qu'elles soient humaines, financières ou technologiques.

Ressources humaines

Il s'assure de disposer des indispensables compétences à plein-temps tout au long du projet. Il sait que la meilleure volonté des uns ne remplacera jamais les compétences absentes. C'est une cause classique d'échec des projets.

Ressources financières

Les enveloppes budgétaires dévolues au projet sont toujours trop limitées. Elles sont un vrai casse-tête pour le manager contraint de jongler avec les inévitables frais non prévus. Le manager est un gestionnaire prudent. Il n'accepte pas la gestion du projet si le budget débloqué est de toute évidence insuffisant. Il préfère ajuster les objectifs en fonction du budget imparti.

Ressources technologiques

Ce dernier point est d'autant plus délicat à l'heure où les solutions commerciales de type Cloud Computing (IaaS, PaaS ou SaaS) modifient significativement les règles d'usage des technologies en entreprise. Chacune des solutions sera soigneusement évaluée dans la durée. Le Cloud Computing offre en effet une bien meilleure maîtrise des dépenses, à condition d'accorder un soin particulier aux questions de sécurité et de confidentialité des données.

Pour mémoire, les fournisseurs de solutions Cloud Computing mettent à la disposition des clients utilisateurs une infrastructure technologique facturée à l'usage dans le cadre d'un contrat de services.

Pour une solution de type IaaS (Infrastructure as a Service), le fournisseur met à la disposition le matériel. Le client utilisateur gère lui-même tous les logiciels.

Pour une solution de type PaaS (Platform as a Service), le client ne gère que ses logiciels applicatifs. Toute l'infrastructure technologique et les logiciels systèmes sont sous la responsabilité du fournisseur.

Pour une solution de type SaaS (Software as a Service), le matériel, les logiciels systèmes et les logiciels applicatifs sont gérés par le fournisseur de services. Avec ce principe, le client n'est plus tenu d'acheter les licences et de gérer les mises à jour. Il se contente de payer un abonnement en fonction des ressources consommées. De nombreux applicatifs sont disponibles selon ce principe.

Comment s'améliorer ?

Apprenez à réaliser et à utiliser des tableaux de bord efficaces associant la gestion des risques et des menaces au pilotage actif. Il est aussi utile d'exercer sa vigilance pour détecter les signes avant-coureurs d'un retournement de situation[1].

Une connaissance des causes d'échec les plus courantes est aussi une bonne piste pour améliorer sa compétence[2].

En référence :

Bonne pratique n° 6	Mesurer la performance pour assister la prise de décision
Bonne pratique n° 7	Assurer le suivi des enjeux
Bonne pratique n° 8	Adopter une démarche d'amélioration continue
Bonne pratique n° 9	Anticiper les risques d'échec
Outil tableau de bord	Le tableau de bord projet
Outil efficacité axe n° : 3	La gestion du temps

1. Lire à ce sujet *Le cygne noir. La puissance de l'imprévisible*, de Nassim Nicholas Taleb, Belles Lettres, 2010.
2. Le site www.chef-de-projet.org propose en téléchargement une étude des vingt causes principales d'échec des projets en relation avec les quatre axes d'action exposés dans la suite de ce livre.

Facteurs bloquants à combattre

Les managers qui ont une relation difficile avec les données chiffrées seront gênés pour développer cette compétence. Les uns accordent une trop grande confiance aux chiffres, et pensent qu'en suivant tous les temps de travail et en pistant les moindres dépenses, ils conserveront le contrôle. Les autres, au contraire, ne font confiance qu'à leur intuition. Comme toujours, la bonne attitude se trouve au juste milieu de ces deux comportements extrêmes.

3. Donneur de sens

Les compétences à développer

Il sait donner goût au projet

« *Le manager montre la direction à suivre.* » Cette recommandation, présente dans la plupart des ouvrages de conseils pour manager, est juste mais incomplète. Il ne suffit pas de montrer la direction, encore faut-il instiller en chacun des protagonistes l'envie d'accomplir le parcours. Si la finalité laisse de marbre les membres de l'équipe, ce ne sera ni la carotte ni le bâton qui les fera avancer. Un projet se caractérise par des difficultés à surmonter. Chacun en est parfaitement conscient. Le manager a aussi pour mission de donner du sens au projet. Il s'efforce de faire saisir l'importance du « pourquoi » afin de trouver le « comment » tous ensemble.

Il fournit les repères

Donner du sens, c'est aussi fournir des repères. Le manager n'hésitera pas une seconde à jouer la carte de la transparence. Les objectifs sont définis en équipe, et chaque membre a un accès libre à l'ensemble des données chiffrées utilisées pour la mesure de la performance.

C'est un animateur du « voyage »

D'expérience, le manager sait que le moral de l'équipe ne sera pas toujours au beau fixe. Les tâches trop longues, difficiles ou fastidieuses minent l'enthousiasme des plus fervents. Il faut aussi reconnaître que les jalons marqués sur le planning ne sont pas des vecteurs de motivation. Il est très nettement préférable de fixer des objectifs courts, et de s'arranger pour qu'ils ressemblent à un challenge que l'on n'hésitera pas à célébrer une fois celui-ci remporté. Un challenge, ça se fabrique et s'entretient. Pour cela, un bon manager est aussi à sa manière un conteur de récits. C'est une excellente manière d'humaniser le contexte trop technique du projet et de combattre la lassitude et le découragement. Bien construits, les récits mettent en perspective les faits et les événements afin de redonner une logique d'ensemble à tous ceux qui, trop au cœur des détails, l'avaient perdue de vue. Pour construire un récit, il suffit de fouiller un peu son propre vécu à la recherche d'anecdotes et de les adapter au contexte. Ce peut être la description d'une difficulté, d'une réussite ou d'un échec racontée du point de vue des femmes et des hommes qui les ont vécus. Les plus doués tenteront de brosser le portrait de héros ordinaires. C'est une aide précieuse lorsque le moral retombe un peu. Même les plus sceptiques trouvent ainsi des pistes pour s'identifier.

Comment s'améliorer ?

Il ne s'agit pas de devenir le Charles Perrault du XXIe siècle. Le manager conteur n'est en fait qu'un collectionneur d'anecdotes. Il puise dans son propre vécu et prend soin d'enregistrer les témoignages qui lui sont confiés. Il les adapte ensuite à la situation courante avant de les narrer le moment venu[1].

En référence :

Bonne pratique n° 1	Construire le référentiel de valeurs
Bonne pratique n° 4	Abandonner le management autoritaire
Outil efficacité axe n° 2	La psychosociologie au service de la conduite des projets

Facteur bloquant

Si le manager manque de conviction, ses efforts pour se sentir concerné et paraître enthousiaste seront vite démasqués. Le manager, convaincu que le principe de la « carotte » (qui sous-entend nécessairement celui

1. À lire : *Storytelling. La machine à fabriquer des histoires et à formater les esprits,* de Christian Salmon, La Découverte, 2010.

du « bâton ») est un bon outil de motivation, a bien peu de chance de progresser. Cet état d'esprit est toujours associé à une conduite assez radicale du projet fondée sur la certitude que le résultat est assuré si chacun accomplit sans rechigner sa tâche comme prévu.

4. Bâtisseur d'équipe

Les compétences à développer

Il valorise son équipe

On prête à Bill Joy, cofondateur de Sun Microsystems, la remarque suivante : « *Peu importe qui vous êtes, la plupart des personnes les plus intelligentes travaillent pour quelqu'un d'autre.* » En d'autres termes, le fatalisme de ce propos révèle bien qu'il ne sert à rien de jeter la pierre aux membres de l'équipe en cas de contre-performance. La construction de l'équipe dépend entièrement de votre compétence. Par définition, une bonne équipe réalise une tâche parfaitement conforme aux attentes de toutes les parties prenantes. L'équipe devient plus performante au fur et à mesure de l'avancement du projet, et chaque membre récolte individuellement les fruits en matière d'apprentissage et d'expérience. Voilà pour la théorie. En pratique, le travail en équipe n'est pas nécessairement productif par définition. Sans cohésion, une équipe sera au contraire un frein à la progression. Le travail en équipe est une remise en question de l'arithmétique. On aimerait que « 2 + 2 fassent 5 », mais le plus souvent « 2 + 2 ne font que 3 ».

Il sait différencier une équipe d'un groupe de travail

Une équipe n'est pas un groupe de travail. Dans un groupe de travail, chacun poursuit des objectifs personnels et exécute sa tâche dans les limites de son rôle.

Dans une équipe, chacun cherche à établir une corrélation entre ses objectifs personnels et ceux de l'équipe. C'est ce stade de cohésion que recherche le manager de projet. Néanmoins, si le projet est simple et que la somme des réalisations de chacun conduit irrémédiablement au résultat, un groupe de travail est bien suffisant. Nul besoin de travailler la cohésion. En revanche, un groupe de travail peut être contre-productif si le projet est un peu plus complexe. La réussite dépend alors de la volonté de prise d'initiative de chacun des membres et de la capacité d'inventivité de l'équipe. Aussi, si dans un groupe de travail on mesure la performance individuelle de chacun des membres, c'est bien la performance collective qui nous intéresse dans le cas d'une équipe en phase de cohésion. Le mode de conduite des réunions est aussi un facteur de différenciation. Pour un groupe de travail, les réunions sont utilisées afin de s'assurer que chacun remplit sa tâche et atteint ses objectifs. Dans une équipe, elles sont essentiellement des sessions de travail centrées sur la résolution des problèmes et la prise de décision collectives.

Comment s'améliorer ?

Les techniques de formation d'équipe (« *team building* ») sont aujourd'hui bien documentées. Il ne faut pas hésiter à consacrer le temps nécessaire à l'étude des démarches proposées par les spécialistes de la question[1].

En référence :

Bonne pratique n° 3	Synchroniser les rôles
Bonne pratique n° 4	Abandonner le management autoritaire
Bonne pratique n° 5	Favoriser la coopération interne et externe
Outil efficacité axe n° 2	La psychosociologie au service de la conduite des projets

Facteur bloquant

Un comportement autocratique est un obstacle au développement de cette compétence.

Le manager qui tient à profiter de sa position hiérarchique pour conserver le pouvoir et l'autorité imposera la subordination et le contrôle, deux obstacles majeurs au travail en équipe.

1. La Harvard Business Review a publié de nombreux articles sur ce thème. L'ouvrage *Harvard Business Review on Building Better Teams*, publié en 2011, en compile les principaux. Voir aussi la sélection d'ouvrages sur le site www.chef-de-projet.org.

5. Dynamiseur d'échanges

Les compétences à développer

Il connaît l'importance du droit à la parole pour tous

Les principes de fonctionnement des équipes créatives sont depuis déjà deux bonnes décennies un sujet d'étude pour les chercheurs en management. L'efficacité de la communication entre les membres est l'un des principaux critères retenus pour caractériser les équipes les plus dynamiques[1]. Curieusement, ce n'est pas uniquement la qualité des messages échangés qui importe. Les chercheurs relèvent aussi, comme facteurs d'efficacité, la liberté de parole et la fréquence des échanges, autant entre les membres de l'équipe qu'avec des éléments extérieurs. Pour atteindre ce stade de performance, le manager s'efforcera de développer le droit à la parole pour tous. Il ne s'agit pas que ce droit soit mobilisé en exclusivité par les plus extravertis. C'est pourtant ce qui se passe généralement dans un groupe si le manager n'anticipe pas. Les membres les plus réservés se contentent d'écouter et d'approuver le cas échéant. Ils évitent généralement de faire part de leurs réticences.

Il précise des règles et s'assure qu'elles sont comprises et acceptées

« *Je me doutais bien que ça n'allait pas marcher ! Pourquoi ne pas l'avoir dit avant ? – Parce que l'on ne m'aurait pas écouté…* »[2]

Le manager averti sait que tous les doutes et hésitations méritent d'être communiqués au plus tôt. Il prend cette question très au sérieux. Un problème découvert trop tard peut entraîner de fâcheuses conséquences. Les projets échouent souvent pour cette unique raison.

Pour faciliter les échanges spontanés encore faut-il que le temps de parole soit bien géré durant les réunions de travail. Le manager prendra soin d'inciter le groupe à approuver une règle de partage de la parole. En substance, cette règle impose à chaque membre de donner son point

1. « The Hard Science of Teamwork », de Alex S. Pentland, *Harvard Business Review*, 20 mars 2012.
2. Une remarque que l'on entend trop souvent au cours de l'expertise des projets en déroute. Que le propos soit avéré ou non, ce n'est pas le plus important. Il révèle surtout un sérieux manque de communication.

de vue et d'être attentivement écouté par l'assemblée. La critique est encouragée tant qu'elle est argumentée. Dans une équipe, le courage d'exprimer ses opinions est aussi important que la compétence.

Comment s'améliorer ?

Pour développer cette compétence, il sera utile d'étudier les techniques de *team building* et de travailler les principes de la communication au sein du groupe.

En référence :

Bonne pratique n° 5	Favoriser la coopération interne et externe
Bonne pratique n° 10	Intégrer les projets dans la chaîne de valeur
Outil efficacité axe n° 2	La psychosociologie au service de la conduite des projets
Outil efficacité axe n° 4	La communication au service de l'accompagnement

Facteur bloquant à dépasser

Le manager un peu obtus et trop orienté sur les tâches à exécuter ne comprend pas l'importance des échanges à bâtons rompus. Il est facile à reconnaître. Dès qu'une conversation s'éloigne un peu du sujet, il n'hésite pas à casser la magie de l'échange d'un impératif : « *Ne perdons pas de temps et revenons au fait* »…

6. Accoucheur d'idées

Les compétences à développer

Il dynamise l'inventivité de l'équipe

Un projet complexe ne peut être conduit en enchaînant les tâches les unes à la suite des autres, conformément au programme établi. Ce n'est pas ainsi que l'on parviendra à un résultat satisfaisant pour toutes les parties prenantes. La conduite de projet est parsemée d'imprévus qui entravent la progression. Pour résoudre les inévitables problèmes, le manager s'efforcera d'inciter chacun des membres de l'équipe à laisser s'exprimer son esprit d'inventivité sans aucune retenue.

Il sait qu'une bonne équipe est hétérogène

Le manager efficace sait parfaitement que chacun raisonne à sa façon. Les « cerveaux gauches » privilégient la logique et les approches analytiques, tandis que les « cerveaux droits » sont plus intuitifs. L'entreprise et la société en général favorisent les « cerveaux gauches ». Pourtant les deux types de tempérament sont nécessaires pour résoudre les problèmes complexes. Einstein, avec son sens aiguisé de la formule, disait d'ailleurs à ce propos : *« Le mental intuitif est un don sacré et le mental rationnel est un serviteur fidèle. Nous avons créé une société qui honore le serviteur et a oublié le don. »*

Il revient au manager d'éviter de favoriser ceux qui adoptent un mode de raisonnement similaire au sien. Ce n'est pas facile ; il faut alors faire preuve de tolérance et d'ouverture d'esprit.

Il gère les échanges animés

Les confrontations de points de vue entraînent quelquefois de petites frictions. Ce n'est pas plus mal. Un groupe en parfaite cohésion d'entente n'est pas ce qu'il y a de mieux pour dynamiser la créativité collective.

Il respecte la personnalité de chacun des membres

La résolution de problèmes en équipe n'est pas du goût de tout le monde. Il est bon de laisser tranquille celui qui préfère réfléchir seul avant de l'inviter à venir confronter ses idées. Chacun est tenté de solutionner les problèmes à sa manière. Les uns préfèrent les raisonnements déductifs et se raccrochent à la théorie pour forger leur raisonnement. Les autres, plus concrets, privilégient l'expérimentation et sont tentés d'essayer sans attendre. Le manager ne perdra pas de vue qu'il s'agit de parvenir au but et non pas d'imposer une idée. Il combattra sans relâche l'esprit de compétition nuisible à l'efficacité.

En bon coach, il pratique le questionnement pour aller au cœur de la question

La technique du doute systématique est une bonne méthode de questionnement. Les questions d'apparence un peu naïves contraignent l'interlocuteur à développer le raisonnement dans ses moindres détails. C'est le plus sûr moyen d'en révéler les faiblesses. Sans pour autant entraver l'exploration des pistes originales, le manager ne manquera pas de procéder à un recadrage périodique pour que le débat ne dérive pas inutilement au-delà des limites du périmètre du problème à résoudre.

Comment s'améliorer ?

Il est utile de travailler les techniques et les méthodes du coaching non pour les appliquer systématiquement, mais bien pour en comprendre le sens et la portée.

Il est aussi indispensable de développer son capital d'empathie. L'empathie, qui désigne la « faculté de s'identifier à quelqu'un, de ressentir ce qu'il ressent » (*Le Petit Robert*) n'est pas une valeur morale et ne concerne pas exclusivement la compassion (souffrir avec) ; c'est une école de la tolérance. Celle-ci désigne une « attitude qui consiste à admettre chez autrui une manière de penser ou d'agir différente de celle qu'on adopte soi-même » (*Le Petit Robert*).

En référence :

Bonne pratique n° 4	Abandonner le management autoritaire
Bonne pratique n° 5	Favoriser la coopération interne et externe
Bonne pratique n° 10	Intégrer les projets dans la chaîne de valeur
Outil efficacité axe n° 2	La psychosociologie au service de la conduite des projets
Outil efficacité axe n° 4	La communication au service de l'accompagnement

Facteur bloquant à dépasser

Un manque de confiance en soi conduit à des attitudes peu propices à l'émergence d'une créativité partagée. L'autoritarisme et la crainte irraisonnée de sortir du périmètre du projet sont deux attitudes typiques. Se connaître, c'est aussi admettre que les autres ne fonctionnent pas de la même façon. Le manager qui n'est pas encore parvenu à ce stade rencontrera de grandes difficultés à comprendre les pistes de réflexion proposées par les interlocuteurs ayant un mode de raisonnement trop différent du sien.

7. Diplomate

Les compétences à développer

C'est un négociateur

Au lancement d'un projet d'entreprise d'envergure, chacune des parties prenantes voit son propre intérêt. L'exécution et la finalité du projet sont perçues de manière totalement différente selon la fonction et les ambitions de chaque responsable des activités concernées. Le manager a la lourde responsabilité de conduire le projet à son terme, en parfait accord avec les souhaits de l'ensemble des clients internes et externes. Il se doit d'être un bon négociateur qui sait faire preuve de tact et de subtilité pour assurer sa mission.

Il protège l'équipe

Le manager protège aussi l'équipe des interférences externes. Il s'assure qu'aucun membre ne soit importuné dans sa tâche par des intervenants étrangers au projet. Il garantit un climat relationnel optimal avec les autres parties prenantes du projet afin de prévenir les menaces. Il prépare aussi les indispensables alliances pour la phase de déploiement et de conduite du changement.

Il modère les conflits

Il est aussi du rôle du manager de régler dans les meilleures conditions les conflits internes afin d'éviter qu'ils ne pénalisent la performance globale. Si le manager intervient suffisamment tôt, il peut tenter de dépersonnaliser le conflit pour transformer une opposition de personnes en une opposition de points de vue qui mérite un débat. C'est une manière de calmer le jeu tout en respectant les deux opposants. Attention de ne pas afficher ostensiblement sa sensibilité ; mieux vaut éviter de prendre partie. Les rapports humains sont difficiles. Le conflit peut surgir du moindre détail lorsque l'on travaille en équipe.

Comment s'améliorer ?

Pour développer cette compétence, il est utile de consacrer le temps nécessaire à affiner sa capacité de communicant. Des séances de formation aux techniques de la communication et à la négociation sont toujours profitables.

En référence :

Bonne pratique n° 1	Construire le référentiel de valeurs
Bonne pratique n° 4	Abandonner le management autoritaire
Bonne pratique n° 10	Intégrer les projets dans la chaîne de valeur
Bonne pratique n° 11	Assurer un pilotage actif du changement
Outil efficacité axe n° 1	Les techniques de la négociation
Outil efficacité axe n° 4	La communication au service de l'accompagnement

Facteur bloquant

Le manager qui refuse d'admettre qu'un projet n'est pas fédérateur par principe et qui s'imagine que toutes les personnes concernées visent la même finalité va au-devant de bien des déconvenues. Il rencontrera aussi beaucoup de difficultés s'il n'a pas encore appris à écouter les non-dits et pense que les silences sont des acquiescements.

Interactivité :

http://tb2.eu/c1

Les douze bonnes pratiques de bon sens
pour un management efficace des projets d'entreprise
sont ici présentées
selon quatre grands axes d'action transversaux.

Axe 1

Maîtriser l'organisation du projet

Un projet mal planifié prend trois fois plus de temps que prévu pour son achèvement. Un projet bien planifié prendra seulement deux fois le temps prévu.

8e loi de Golub

Maîtriser l'organisation du projet, ce n'est pas uniquement planifier. Organiser, c'est structurer le déroulement du projet afin de le mener à son terme dans les meilleures conditions. Organiser ne se limite pas à définir la phase de planification. La logique de l'ingénieur et la foi dans les prévisions conduisent à attacher une importance prédominante à cette phase de préparation du projet, quitte à en occulter les autres aspects. Organiser, c'est aussi bâtir le cadre de référence définissant la performance en parfaite compréhension avec l'ensemble des acteurs directs et indirects, depuis la direction jusqu'aux équipes de développement, en passant par les utilisateurs et autres acteurs du projet.

	Maîtriser l'organisation du projet
AXE 1	■ **2 bonnes pratiques de bons sens** 1) Construire le référentiel de valeur 2) Privilégier la réactivité ■ **Efficacité du manager** Maîtriser les techniques de la négociation
	Dynamiser la coopération étendue
AXE 2	■ **3 bonnes pratiques de bons sens** 3) Synchroniser les rôles 4) Abandonner le management autoritaire 5) Favoriser la coopération interne et externe ■ **Efficacité du manager** Utiliser les outils de la psychosociologie
	Développer les outils d'assistance à l'anticipation
AXE 3	■ **4 bonnes pratiques de bons sens** 6) Mesurer la performance pour assister la décision 7) Assurer le suivi des enjeux 8) Adopter une démarche d'amélioration continue 9) Anticiper les risques d'échec ■ **Efficacité du manager** Méthodes et outils de gestion du temps
	Faciliter l'intégration – Accompagner le changement
AXE 4	■ **3 bonnes pratiques de bons sens** 10) Intégrer les projets dans la chaîne de valeur 11) Assurer le pilotage actif du changement 12) Intégrer les coûts du processus d'intégration ■ **Efficacité du manager** Communication et conduite de changement

Témoignage de Charles

Il n'y a pas que des copains dans l'entreprise

Charles est chef de projet au sein d'une société de conseil.

Je travaillais alors dans une société de service lorsque je fus nommé chef de projet pour piloter un projet ERP chez un client assez important. Ce client était déjà équipé d'un outil maison, mais ce dernier ne donnait plus satisfaction. Le choix s'était alors porté sur un ERP de grande marque. Le projet transversal impliquait plusieurs divisions. Par chance, un directeur départemental particulièrement influent avait choisi de supporter activement le projet. Il l'appuyait dans tous ses détails, toujours prêt à parer les opposants et à rallier de nouveaux soutiens. J'étais fort content de cette assistance. J'étais encore jeune à l'époque et je ne connaissais pas assez bien l'activité de l'entreprise cliente. Ainsi, avec l'équipe, nous avons pu nous consacrer, avec le maximum de soin, aux aspects techniques sans nous préoccuper d'oppositions malveillantes. Tout allait pour le mieux. Pourtant un jour tout bascula. Ce directeur allié devint de plus en plus distant, puis carrément agressif. À chaque réunion d'avancement, il ne perdait pas l'occasion de me mettre en difficulté, quitte à railler mes propos afin de faire sourire l'assemblée à mes dépens. Pourquoi un tel revirement ? Cela me préoccupait et minait mon travail. Ce directeur semblait me considérer comme son ennemi personnel. Il avait d'ailleurs entrepris un travail de sape et nous commencions à rencontrer de réelles difficultés d'implantation. Mon erreur fut de penser qu'il s'agissait là d'une attaque personnelle que je n'expliquais pas. En fait, il ne m'en voulait pas personnellement. Il se fichait même totalement du devenir de ma petite personne, insignifiante à ses yeux. La raison profonde de son nouveau comportement était tout autre. Le projet avait particulièrement bien démarré et la direction, avec l'assentiment de mon entreprise d'appartenance, avait décidé d'accélérer l'implantation et d'en profiter pour mettre en place un système de reporting *assez complet, prévu à l'origine pour une seconde phase. C'était en fait ce système de* reporting, *la cible de ce directeur influent. Il n'en voulait pas et ne tenait pas à expliquer pourquoi. Autant alors en bloquer la mise en œuvre. Depuis cette pénible expérience, avant de considérer en termes de relations humaines mes rapports avec les parties prenantes d'un projet, je soupèse pragmatiquement l'intérêt porté aux différentes fonctionnalités. Cela me permet de mieux anticiper les menaces. En connaissant à l'avance la cible visée, sans laisser l'émotif s'installer, je peux mieux réfléchir aux moyens d'action pour contrer l'éventuel travail de sape.*

1re pratique de bon sens

Construire le référentiel de valeur

La construction d'un référentiel consensuel de valeur est un préalable à tout projet. Pourquoi, une fois achevés, autant de projets se révèlent si peu conformes aux attentes ? N'est-il pas temps de remettre en question le peu de soin pris par les différentes parties prenantes, pour accorder leurs violons à propos du rôle et des principes du système attendu ? L'analyse de la valeur ne sert pas uniquement à tirer les coûts vers le bas. Elle permet aussi de compléter les résultats du calcul du retour sur investissement (RSI) pour bâtir un véritable référentiel de valeur consensuel.

Comment calculer le retour sur investissement ?

Du retour sur investissement à l'analyse de la valeur

Avant de prendre la décision de lancer un nouveau projet, une question hante l'esprit de tous les managers exécutifs : « Qu'est-ce que cela va bien pouvoir nous rapporter ? »

La question du retour sur investissement, mise un peu à l'écart ces dernières années par les promoteurs des nouvelles technologies, est pourtant capitale. Elle revient d'ailleurs sur le devant de la scène pour occuper la place qui lui est due. C'est en effet la qualité de la réponse à cette question préalable qui permettra de préciser plus concrètement l'enveloppe budgétaire et les contours du projet envisagés. En quelque sorte, c'est le passage obligé pour reléguer les promesses de Gascon au monde des fantasmes : « Vous verrez, avec ce nouveau système, ce sera tellement mieux » et proposer une vision de la réalité future un peu plus concrète.

Pour que les moyens ne justifient pas la fin

Comment se prend la décision de lancement d'un nouveau projet ? Selon la théorie, l'identification du besoin constituerait le fait déclencheur du processus. Mais, dans la réalité, le processus est très exceptionnellement aussi rationnel. C'est plutôt une question d'opportunité que d'identification du besoin proprement dit qui est à l'origine de la décision de lancement des projets. Les solutions précèdent souvent l'étude des problèmes. Ainsi, l'idée du projet peut être suggérée par les conseils appuyés d'un consultant ou d'un vendeur de solutions bien introduit, ou après une visite chez un partenaire. La décision de lancement du projet proprement dite sera prise d'autant plus facilement que l'entreprise dispose déjà en interne d'une partie des moyens, compétences ou systèmes.

Lorsqu'il est bien compris et bien géré, cet enchaînement singulier du processus de décision est tout à fait acceptable. De toute façon, à la base, les problèmes existent. Il faut en revanche consacrer le temps nécessaire à l'analyse de la réponse, notamment avec une évaluation fine du retour sur investissement, pour éviter que les moyens ne justifient la fin[1].

L'époque révolue de la suprématie du court terme

Dès le début du siècle dernier, les dirigeants de Du Pont de Nemours avaient placé la question du ROI, *Return on Investment*, traduit littéralement en français par « retour sur investissement » (RSI), comme préalable à toute décision d'investissement d'équipements des entreprises. La prédominance de ce calcul a été par la suite fortement critiquée. Les entreprises avaient tendance à ne privilégier que les investissements rentables à court terme. La règle de base étant : je n'investirai qu'à la condition d'être sûr et certain de rentabiliser significativement mon

1. James G. March : lire son « modèle de la poubelle », « The Garbage Can Model », présenté dans le contexte de la gestion du projet http://tb2.eu.pb (Vous avez des solutions ? Cherchez donc les problèmes !)

capital en un temps relativement court... Ce mode d
était devenu pour nombre d'entreprises une véritable d
terme. Tout projet n'apportant pas la certitude d'une ren
l'investissement à bref délai était purement et simplement écarté.

Lorsque les technologies de l'information ont commencé à pointer leur nez, puis à se généraliser, un calcul du même type était utilisé pour juger du bien-fondé des projets. La recherche de l'amélioration de la productivité par la rationalisation des processus existant était le seul objectif de rentabilisation des équipements informatiques. Les gains prévisibles étaient essentiellement évalués en fonction de l'économie en personnel.

Ainsi, dans le monde de l'automatisation industrielle, nombre d'entreprises évaluaient l'opportunité d'un nouveau système en appliquant ce type de raisonnement. Pour estimer la limite supérieure de l'investissement proposé, il suffisait de compter le nombre de postes qui seraient supprimés par le nouveau système et de se fixer un horizon, puis de prendre les coûts salariaux mensuels des personnes concernées et de les multiplier par le nombre de mois. Simple à appliquer, ce calcul n'est pas juste. Il a conduit à de nombreuses erreurs d'équipements. En effet, les frais de fonctionnement du nouveau système sont largement sous-estimés, voire ignorés. C'est pourtant ainsi que beaucoup d'entreprises industrielles se sont équipées, et quelquefois suréquipées, avant de se retrouver contraintes de faire machine arrière.

Remplacer le « toujours plus pour moins cher » par le « toujours mieux pour durer plus longtemps »

Avant d'aller plus loin, ne perdons pas de vue que le but de l'entreprise est bien de rentabiliser les capitaux investis. Quelle que soit la noblesse des principes énoncés à l'origine d'un projet, d'une manière ou d'une autre, ce sera toujours l'argument de la rentabilité qui aura le dernier mot. Seulement, plutôt que de se soumettre à la loi de la rentabilité à court terme et de n'envisager que l'amélioration de la productivité par la rationalisation absolue, les projets de l'entreprise d'aujourd'hui ambitionnent une autre voie de progrès, une voie privilégiant la quête d'un développement durable.

Cette quête ne se satisfait plus des actions de rationalisation extrêmes toujours remises en cause. Ce sont de nouveaux processus qu'il faut concevoir pour garantir l'adaptation des organisations aux exigences les marchés en perpétuelle mutation. Mais, pour apprécier le bien-fondé des nouveaux projets d'entreprise, il est temps de réformer le calcul du ROI. D'ailleurs, nombre de cabinets spécialisés s'emploient à cette tâche particulièrement ardue.

Réviser et adapter le calcul du ROI

Dans sa forme actuelle, le ROI n'évalue que les retours financiers directs. Il est tout à fait suffisant pour évaluer la rentabilité des investissements censés générer du cash à courte échéance. Ainsi, il n'est pas d'une difficulté insurmontable d'évaluer l'opportunité du remplacement d'un équipement industriel par un modèle plus récent et plus performant. Le coût de l'investissement sera mis en balance avec l'amélioration de la productivité attendue. Il sera en revanche nettement moins aisé, et c'est un euphémisme, d'évaluer précisément le retour sur investissement d'un système de gestion de la connaissance (*Knowledge Management*), ou de gestion de la relation client (*Customer Relationship Management*), avec un calcul qui ne considère que les éléments financiers. Ce sont pourtant ces systèmes qui conféreront à l'entreprise la capacité de s'engager dans une dynamique de progrès durable.

Pour être efficace, le calcul du ROI doit être réadapté pour intégrer d'autres paramètres et ne pas se contenter des seuls éléments tangibles comme les retours directs financiers. Les éléments intangibles, contribuant directement à la prise d'avantages compétitifs, comme l'amélioration du taux de rétention client, la satisfaction des utilisateurs ou le développement du partage de la connaissance, sont des éléments de premier ordre pour apprécier le rôle stratégique des projets et accroître la valeur intrinsèque de l'entreprise. Ces éléments, en grande majorité d'ordre qualificatif, indispensables dans la durée, ne se chiffrent pas aisément. Pourtant, à plus longue échéance, ils se traduiront en quantitatif puis en termes financiers. Ils seront alors visibles dans la boucle générale de mesure du retour sur les capitaux engagés. Investir pour mieux connaître ses clients, et ainsi mieux les servir, c'est une manière de ne pas perdre ceux que l'on a déjà et d'en attirer de nouveaux. Cela finira par apparaître sur le compte de résultats.

La mesure du ROI peut ainsi être perçue comme une appréciation de la contribution des projets d'entreprise à la mise en œuvre de la stratégie. Lorsque la stratégie ne se décline qu'en termes de réduction des coûts, le calcul classique du ROI est suffisant. Mais si la stratégie a d'autres ambitions et s'exprime dans le cadre d'une politique de différenciation, le calcul de ROI doit alors être révisé et adapté spécifiquement pour intégrer les paramètres intangibles, caractéristiques de l'avantage concurrentiel attendu.

Tenir compte du coût total de possession

Calculer le Total Cost of Ownership *(TCO)*

Quand les projets nécessitent un équipement technologique conséquent, il n'existe pas de calcul de ROI correct sans équilibrage avec le calcul du TCO.

Le TCO sera présenté pour évaluer avec plus de précision la valeur de l'investissement et contrebalancer les gains potentiels mesurés par le ROI. Cela dit, il ne faut pas lui accorder plus d'importance qu'il n'en a.

COMBIEN COÛTE VOTRE PC (VERSION TCO) ?

Il y a quelques années, Forrester Research avait estimé le coût de possession d'un PC sous Windows à environ 2700 euros par an (d'autres analystes proposent des chiffres assez proches de ce dernier).

Le TCO intègre dans son calcul l'ensemble des coûts générés directement et indirectement par la possession et l'utilisation de ce matériel : prix du matériel, du logiciel, des réseaux, des matériels annexes, frais d'installation, consommation, licences, usage de locaux spécifiques, administration, support technique, formation, gestion des sauvegardes, de la sécurité... Quelques coûts sont plus évidents que d'autres à matérialiser. Pour être complet, il faut en effet ajouter à cette liste les pertes de productivité en cas de panne, les temps passés à gérer les changements de version de logiciel et les transferts de fichiers pas vraiment compatibles, les coûts générés par la gestion des configurations non standards, ainsi que les heures perdues à régler l'ensemble des problèmes techniques, petits et grands.

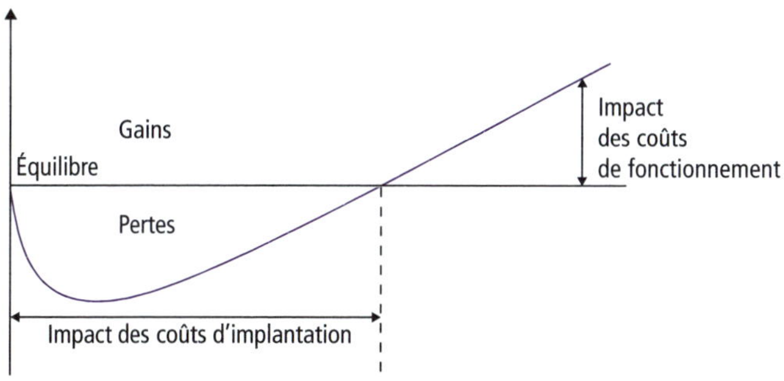

Figure 7 : Courbe de rentabilité d'un investissement

Évaluer le coût du non-investissement

Quelques spécialistes ont trouvé une parade à la difficulté de mesurer précisément le ROI, en recherchant une évaluation du *coût de non-investissement.* Cette mesure originale répond à la question : « Si on persiste à ne rien faire, qu'est-ce que cela va coûter à terme ? » Ou, aux variantes suivantes : « Si on ne modernise pas telle ou telle unité, combien perdra-t-on ? » ; « Si on ne s'adapte pas de près aux nouvelles tendances du marché, que risque-t-on ? » ; « Si nos concurrents s'équipent avant nous, quel sera leur avantage concurrentiel ? » ; « Quelle part de marché risque-t-on de perdre dans ce cas ? Sera-t-elle récupérable ? » Cette évaluation, offrant un autre éclairage de la question, complète le calcul du ROI et facilite la prise de décision d'investissement.

Parvenir à une vision globale

Les nouveaux modes de calcul du ROI s'inscrivent dans une considération plus globale de l'appréciation des biens et des atouts d'une entreprise. Les outils classiques de la gestion sont eux aussi mis en difficulté lorsqu'il s'agit d'évaluer le capital immatériel de l'entreprise. Que ce soit les connaissances, les savoir-faire ou l'expérience acquise au fil des années, aucun de ces éléments intangibles, pour ne citer que ceux-ci, n'apparaît sur un bilan comptable. Il faut pourtant bien les considérer pour disposer d'une vision plus juste du capital global de l'entreprise.

La vision des seuls éléments tangibles fausse sensiblement les décisions d'investissement. Par exemple, juger d'un simple regard comptable le bien-fondé d'une politique d'externalisation de la gestion du système d'information n'est pas d'une difficulté majeure. Transformer les charges induites par la gestion et la maintenance d'un système informatique complexe en un coût fixe et bien délimité, de surcroît régi par un solide contrat, peut se révéler bénéfique… sur le plan exclusivement comptable, en tout cas ! Mais cette vision un peu manichéenne réduit le système d'information à sa seule dimension productiviste et masque des pans entiers de son rôle réel, et notamment de sa dimension stratégique.

Une fois le système externalisé, c'est tout un capital connaissance qui part en fumée. Lors de l'évaluation des nouveaux projets, l'entreprise ne pourra plus compter sur l'expertise tacite des habituels servants du système. Cette expérience cumulée au fil des années est pourtant une des clés essentielles de l'intégration des nouveaux systèmes, autant sur les plans organisationnel, technologique ou culturel. Si ces atouts sont invisibles sur le plan comptable, leur disparition sera à terme visible sur le compte de résultat[1].

> La classification des activités de l'entreprise en centres de coût et en centres de profit est particulièrement trompeuse. Elle ne tient pas compte de la dynamique du processus complet de création de valeur.

Évaluer les risques

Pour définir les priorités des projets en portefeuille, le calcul du ROI est un instrument décisif. La mesure du risque est un second paramètre particulièrement à propos pour compléter l'enseignement apporté par le calcul du ROI lors de l'évaluation de l'opportunité de lancement des projets. La qualité du retour sur investissement d'un projet sera ainsi modérée par l'incertitude d'accéder aux résultats. Autrement dit, pour chaque projet il est bon d'établir une table de risques afin de placer un maximum de chances de son côté. Nous reviendrons plus précisément sur ce point lorsque nous aborderons le 3e axe, à propos de l'anticipation.

Quelques éléments d'analyse financière sont à prendre en compte :

- la Valeur Actuelle Nette VAN (NPV, *Net Present Value*), qui répond en substance à la question : quel montant ce projet est-il susceptible de nous faire gagner ou épargner ? Ce calcul correspond à la valeur présente et future des flux de trésorerie (cash-flow) liés au projet. Quelle est la valeur aujourd'hui des résultats attendus ?
- le délai de récupération (*Pay Back Period*) qui évalue la durée avant d'atteindre le point d'équilibre, lorsque l'investissement est entièrement remboursé ;
- le Taux de Rentabilté Interne (IRR, *Internal Rate of Return*) qui évalue le taux annualisé susceptible d'être retourné par l'investissement.

1. Avec l'essor du Cloud Computing, ou « informatique dans les nuages », cette question de l'étroite relation enre savoir-faire, connaissances capitalisées et stratégie concurrentielle est plus que jamais d'actualité.

Bâtir le référentiel commun de valeurs

L'analyse de la valeur au service du rapprochement client-prestataire

Une fois les apports concrets évalués, il est alors temps de définir une enveloppe budgétaire. L'analyse de la valeur[1] est actuellement l'outil le plus couramment utilisé pour définir au plus juste le coût des services attendus. C'est une approche qui place au premier plan la satisfaction des besoins des utilisateurs, tout en réduisant les coûts de réalisation. L'analyse de la valeur part du constat que toute réalisation comporte des coûts inutiles. Que ce soit des fonctions excédentaires, des matériaux d'une qualité et d'un prix supérieur au juste nécessaire ou des procédés de réalisation trop complexes, ces frais inutiles grèvent les coûts de réalisation.

L'analyse de la valeur propose d'éliminer une grande part de ces frais en se recentrant sur les besoins essentiels et ainsi de réduire conséquemment les coûts de réalisation. L'analyse de la valeur est particulièrement performante pour définir au mieux les justes fonctionnalités correspondant aux services attendus des projets d'entreprise.

Au cours d'un projet, les concepteurs souhaitent appliquer l'enchaînement suivant :

1. Quelles sont les fonctionnalités à mettre en œuvre ?
2. Quelle est la performance technique nécessaire ?
3. Comment vais-je les réaliser ? (avec qui ? avec quoi ?)
4. Combien de temps pour les réaliser ?
5. Combien cela va coûter ?

Pour le concepteur, le coût total dépend du temps passé et des ressources utilisées. Mais le client n'applique pas ce schéma, il attend des réponses aux trois questions suivantes :

1. Combien ça va me coûter ?
2. Combien ça peut me rapporter ?
3. Quand est-ce que ce sera disponible ?

1. Conçue par l'ingénieur américain Larry Miles chez General Electric au lendemain de la Seconde Guerre mondiale, l'analyse de la valeur fait l'objet de nombreux ouvrages – visiter le site de l'Afav, Association française de l'analyse de la valeur, www.afav.eu pour une bibliographie à jour.

Pour le client, le coût total dépend des services apportés par le nouveau système.

Le concepteur explique le premier schéma, alors que le client écoute le second schéma. C'est l'une des origines de l'incompréhension initiale entre client et prestataire. L'analyse de la valeur bien appliquée permet de rapprocher les deux conceptions.

L'analyse de la valeur est un outil de communication

Bâtir un référentiel de compréhension commune

L'analyse de la valeur ne sert pas uniquement à définir le meilleur coût, elle permet aussi de bâtir un référentiel de compréhension commune des attendus du futur système en cours de conception.

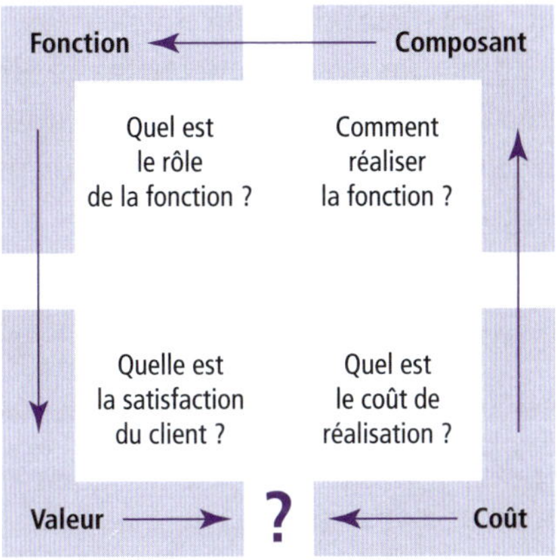

Figure 8 : Le principe d'analyse de la valeur

Dans les grandes lignes, l'analyse de la valeur propose un découpage du projet en fonctions bien identifiées et une mise en évidence de leurs relations. Il existe plusieurs classes de fonctions : les fonctions de services – correspondant spécifiquement aux services attendus par les clients futurs utilisateurs –, les fonctions de contraintes – imposées par des règles ou des normes – et les fonctions techniques – indispensables au bon fonctionnement de l'ensemble. La première opération consiste donc à recenser exhaustivement toutes les fonctions attendues du nouveau système à concevoir. Il existe plusieurs méthodes pour effectuer ce recensement le plus exhaustivement possible. Pour les projets un peu complexes, il n'est pas inutile, loin s'en faut, de se faire assister par un spécialiste de cette question, afin de réussir au mieux cette partie essentielle du projet.

Une fois le recensement effectué, chaque fonction de service listée est ensuite qualifiée selon des critères de valeur. En parallèle du recensement des fonctions, point central de la méthode, les concepteurs établissent la liste des critères de jugement.

Cette liste de critères, qui sont en étroite relation avec les paramètres retenus pour le calcul du ROI, permettra d'évaluer et de classer les fonctions prévues selon leur rôle plus ou moins déterminant, sous l'angle de vue de la finalité du projet. Cette liste de critères est primordiale. Elle sera le fruit de la consultation la plus large possible, autant des intéressés au premier plan que des responsables indirectement concernés par le futur système[1]. Au terme de cette phase, les fonctions indispensables sont alors parfaitement identifiées, le futur système prend forme et les ambiguïtés commencent à s'estomper. Il reste alors à poursuivre le déroulement de la méthode, et notamment à définir un coût acceptable pour chacune de ces fonctions premières. Ce n'est d'ailleurs pas l'opération la plus simple…

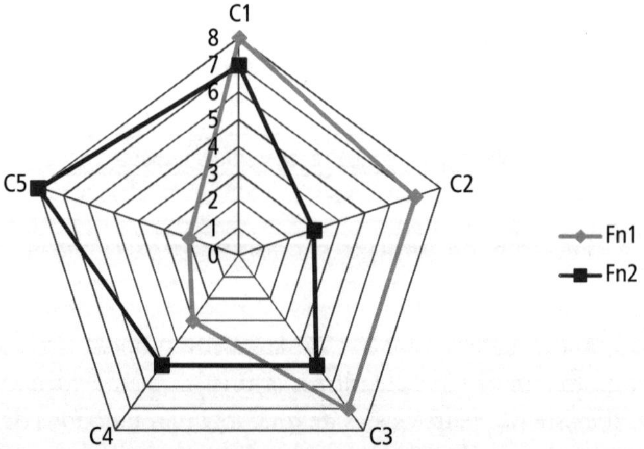

Figure 9: Le diagramme Radar est un bon outil d'évaluation en groupe

1. L'analyse de la valeur propose de nombreux outils bien plus complets pour réaliser cette étape. L'outil décrit ici présente l'avantage de faciliter la compréhension de l'approche.

Une approche participative qui facilite le consensus

Cette approche, participative par définition, permet un premier niveau d'implication des managers exécutifs et de l'ensemble des acteurs majeurs, partie prenante du projet. Bien entendu, les fonctions secondaires et les fonctions techniques seront traitées plus rapidement en comité restreint. Mais il est important d'observer la consultation la plus large pour les fonctions principales, afin d'impliquer au maximum les parties prenantes.

Plaçant la notion de valeur au premier plan, cette approche constitue un outil de communication consensuel entre les différents acteurs du projet.

> Les principales causes d'échec sont présentes dès le lancement du projet. L'irréalisme des souhaits des exécutifs serait une cause assez récurrente de l'achoppement des projets. Par manque de communication lors de la phase de définition, tout le monde reste sur ses positions en croyant avoir parfaitement compris la mission. Mais les incompréhensions dureront jusqu'à la fin…

Les fonctions exprimées en termes de valeur sont les verbes de la description du projet et constituent une véritable langue véhiculaire, susceptible de rapprocher un tant soit peu les commanditaires du projet et les chargés de la réalisation. Dans tous les cas, le manager impliqué dans le projet conservera cet outil sous le coude durant tout le projet et l'utilisera comme référentiel.

Les 7 phases du « plan de travail »	
1. Orientation	Définition des objectifs et des limites de l'étude.
2. Information	Recensement du maximum d'informations techniques et économiques dans le plus grand nombre de domaines, vérification des informations et synthèse.
3. Analyse fonctionnelle	Analyse des fonctions et des coûts. Peut-être la phase la moins aisée. À son terme, le produit à réaliser est parfaitement identifié.
4. Innovation	La clé de voûte de la méthode. Recherche de solutions en une phase de créativité (échanges croisés, brainstorming, etc.).
5. Évaluation des solutions	Examen critique des idées proposées et sélection définitive des solutions à adopter.
6. Bilan et décision	Présentation des solutions retenues, établissement du bilan provisionnel.
7. Suivi de la réalisation	Suivi de la mise en œuvre.

Agir en connaissance de cause

Les résultats de cette analyse sont pertinents pour débroussailler les retours des appels d'offres. Lorsque le prestataire que l'on aimerait bien choisir est trop cher, il lui est conseillé de s'aligner, ou tout du moins de se rapprocher du moins-disant. Si son chiffrage est juste, il n'a pas d'autre solution que de raboter le projet en sélectionnant un peu arbitrairement les fonctions jugées secondaires.

L'approche proposée ici ne change en rien la première partie de la phase de consultation. En revanche, la simplification du projet se déroule en parfait accord avec l'ensemble des responsables client qui savent ce qui mérite d'être supprimé ou simplifié, sans dénaturer le projet. Ils disposent en effet d'un référentiel commun qui facilite le jugement.

Il faut cependant se méfier des approches attachant trop d'attention à la notion de coût aux dépens de celle de valeur. La tendance à l'économie est toujours présente lors de la définition des projets. Il ne faut pas en abuser. En recherchant une réduction à l'extrême des coûts, on finit toujours par laminer les fonctionnalités. Au final, la qualité produite s'en ressent et, une fois achevé, le système est loin de présenter les caractéristiques attendues.

> L'analyse de la valeur apporte une réponse précise aux deux questions essentielles : avons-nous les moyens de nos ambitions ? Si la réponse est non, sur quelle partie pouvons-nous faire l'impasse sans pour autant compromettre la compétitivité du projet ?

L'exemple suivant illustre l'adage : *« Si on ne sait pas où l'on se rend, comment pourrait-on savoir que l'on est bien arrivé ? »*

EXEMPLE

L'entreprise Aalpha, PME de 200 personnes, est sous-traitante de plusieurs grands groupes. Comme pour maintes entreprises françaises, une part significative de son chiffre d'affaires est générée par un unique client. Ce client majeur lui a conseillé de s'équiper d'un progiciel de gestion intégré (ERP). L'objectif, légitime au demeurant, était de faciliter la communication entre les modules « achats » et « production » des entreprises réciproques. À part quelques velléités sporadiques, Aalpha n'avait jusqu'à présent jamais envisagé sérieusement cet investissement conséquent. Bien que consciente qu'à terme elle ne saurait y couper, elle en repoussait l'échéance et ne

EXEMPLE

s'est pour ainsi dire jamais posé concrètement la question de l'opportunité de s'équiper. Par manque de réflexion de fond préalable, le PGI a été installé sans d'autres recommandations particulières que les consignes d'usage. Une fois le système en place, l'entreprise a découvert une quantité démesurée de contraintes imprévues. Elle se rendit alors compte à côté de quoi elle était passée par manque de réflexion préalable.
« Pourquoi avez-vous fait ainsi ? » était la question récurrente... « Parce que personne ne nous a dit de faire autrement ! » répondait invariablement l'équipe de réalisation.

Il ne faut jamais perdre de vue que les principes adoptés lors de la conception et de la réalisation définissent les futurs modes de fonctionnement de l'entreprise. Pour ne pas se laisser imposer d'autorité de nouveaux modes de fonctionnement, il est bon de bien comprendre, notamment en termes de valeur, la portée des nouveaux services proposés. Cet exemple s'inscrit dans une tendance plus globale : définir les problèmes en termes de solutions. Une erreur courante qui explique pas mal d'échecs. Ainsi, on ne cherche pas à fédérer les données et à rationaliser les applicatifs, on installe un PGI (ERP). Si, par chance, il fédère les données et rationalise les applicatifs, tant mieux ! Mais on n'a pas choisi comment. On ne cherche pas à améliorer la gestion des clients, mais on installe un progiciel de GRC (CRM)... On peut continuer cette liste à souhait[1]...

1. Pour éviter ce travers, se reporter au paragraphe « Pour que les moyens ne justifient plus la fin » page 48.

Témoignage de Hans

Passer du comptable au pit-bull, une bonne recette pour échouer

Hans est directeur de projet au sein d'une entreprise européenne du secteur de la construction.

Une expérience marquante ? Un échec à raconter ? Eh bien moi, mon premier projet fut plutôt une réussite ! Grâce à une approche méthodique et un usage sans réserve de Microsoft Project, j'avais réussi à terminer le projet dans les temps et les budgets ! On me confia donc dans la foulée un nouveau challenge, plus conséquent cette fois-ci. Pourquoi changer une méthode gagnante ? Je m'attelai donc à mon logiciel de projet préféré et je commençai le planning. Lors du premier projet, j'avais cru comprendre que plus le planning était détaillé et plus il était facile de pister les dérives. J'entrepris donc de décomposer le projet en tâches élémentaires suffisamment courtes afin de mieux les maîtriser. Un bon plan est un plan bien chiffré, me disais-je. Et comment pourrait-on chiffrer précisément un plan s'il n'est pas présenté dans les moindres détails ? Ce fut là mon erreur. Le projet était assez complexe et même une fois lancé, il comportait encore bon nombre d'inconnues. Sûr de ma méthode de travail, je m'étais alors officiellement engagé sur une date ferme sans marge d'erreur. Rapidement, je me rendis alors compte que les estimations données à la louche devenaient ipso facto *contractuelles. Je pensais suivre confortablement l'avancement en surveillant l'accomplissement des microactivités depuis mon tableau de bord, tel un contrôleur dans sa tour de contrôle, prêt à intervenir au moindre signe de dérive. En fait je devins un véritable pitbull, fatiguant l'équipe en la pressurant, en exigeant rapport sur rapport, en organisant réunion sur réunion sans pour autant comprendre la raison des multiples retards. En fait, pour être franc, je fus l'unique cause de l'échec. Je n'avais pas compris qu'il fallait laisser la corde lâche pour que chacun puisse travailler sans pression aucune. Tout n'est pas prévisible dans les détails. Une activité peut prendre un peu plus de temps que prévu, une autre peut aussi être plus rapide. Exiger le respect du délai pour une microactivité lorsque le technicien rencontre une avalanche de difficultés techniques, voilà une bonne recette de stress pour un échec assuré! Depuis, j'ai bien compris qu'un planning se concevait collectivement avec les acteurs de la réalisation pour être sûr de bien comprendre les difficultés potentielles. J'ai aussi compris que prévoir c'était laisser de la marge pour résoudre les incertitudes et imprécisions. Et enfin, je sais maintenant qu'un chef de projet est un éclaireur, et peut-être même aussi un « influenceur », mais en aucun cas un adjudant de semaine. D'ailleurs, je préfère dorénavant le titre de manager de projet pour qualifier ma profession.*

2e pratique de bon sens

Privilégier la réactivité

Pourquoi, malgré tout le soin apporté à l'élaboration des plannings, les projets ne se déroulent jamais comme prévu ? N'est-ce pas parce que l'entreprise est loin d'être un lieu de certitudes ? Il est bon de modérer sa confiance dans les prévisions pour accorder plus d'attention à sa capacité de réaction.

Planification : le principe

La planification et l'ordonnancement sont une phase primordiale de la gestion du projet. Il s'agit de définir, dans un horizon de temps, l'ordre et les dates d'exécution des tâches indispensables pour mener à bien le projet. Plus le projet est complexe et plus cette étape est difficile à maîtriser. Classiquement, le projet est découpé exhaustivement en tâches d'une granularité plus ou moins fine[1]. On appelle « tâche » une unité d'exécution significative, matérialisée par un début et une fin identifiables sans aucun doute possible. Pour placer chacune des tâches sur le planning, il faut au préalable définir quelques attributs comme la durée, la liste des tâches précédant son exécution et

1. Attention de ne rien oublier! Pas facile de demander ensuite des rallonges pour des modules oubliés. La taille des tâches est définie par la capacité à définir un coût.

les ressources utilisées. Ces paramètres sont assez délicats à établir. Définir la durée des tâches n'est pas un travail de tout repos.

Les 9 étapes de la planification	
1	Découpage des fonctions de premier niveau
2	Définition du plan général
3	Découpage détaillé des tâches
4	Ajustement des responsabilités, définition des équipes
5	Définition de la table de précédence
6	Définition des temps de réalisation[1]
7	Détermination (Pert) des dates de début et de fin
8	Ajustement, bouclage de l'étape 7
9	Reprise avec la gestion des ressources

Le *Work Breakdown Structure*

Le *Work Breakdown Structure* (WBS), supporté par le PMI (*Project Management Institute*), propose une méthodologie de découpage du projet en plusieurs niveaux d'abstraction, jusqu'à atteindre des unités (les activités) d'un degré de finesse suffisant pour être chiffrées. Le WBS constitue un cadre de travail. Ce découpage essentiel pour le chiffrage global du budget prévisionnel, la préparation du planning et l'estimation des ressources est tout aussi utile en cours de réalisation pour le suivi du projet.

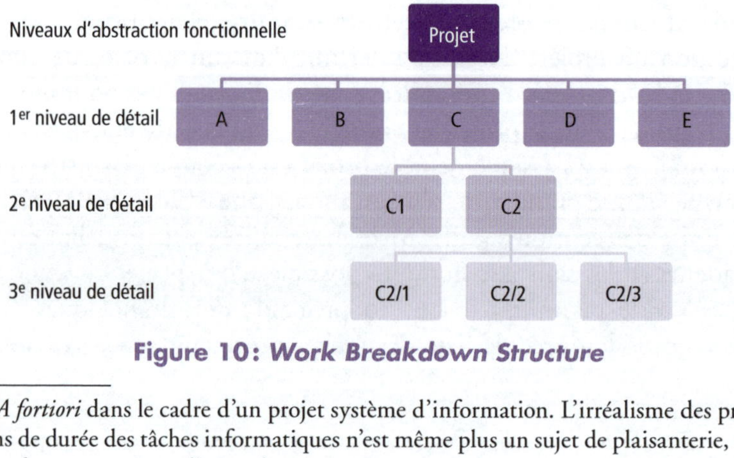

Figure 10: *Work Breakdown Structure*

1. *A fortiori* dans le cadre d'un projet système d'information. L'irréalisme des prévisions de durée des tâches informatiques n'est même plus un sujet de plaisanterie, tant il est devenu commun d'en parler.

Les outils de la planification : le Pert

La planification et l'ordonnancement s'appuient sur des outils relativement anciens. Le premier, le diagramme de Gantt, du nom de son inventeur, date du début du siècle dernier. Comme il n'intègre pas les interdépendances des tâches, il n'est utilisé que pour visualiser les enchaînements simples de tâches et les affectations. Il est aussi incontournable pour la communication – le visuel étant bien plus compréhensible au profane que les diagrammes de type potentiel tâches.

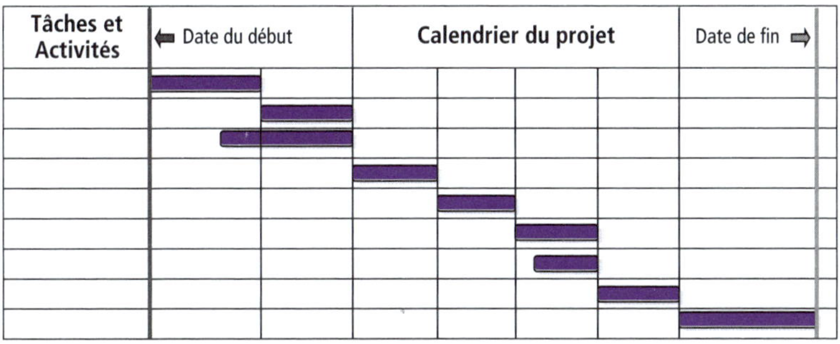

Figure 11 : Exemple de diagramme de Gantt

Les outils de type Pert (*Program Evaluation and Review Technique*) ou CPM (*Critical Path Method*)[1], intégrés dans tous les outils de gestion de projet, présentent, par rapport au diagramme de type Gantt, l'immense avantage de tenir compte des dépendances entre les tâches. Certaines tâches du projet ne pourront commencer qu'à l'achèvement d'autres tâches et ne peuvent pas être placées à n'importe quel endroit.

Le diagramme Pert permet ainsi de calculer et de visualiser sous forme de graphe l'enchaînement optimal des tâches. Connaissant la durée prévisible de chacune des tâches et la date de début du projet, le Pert définit la date de livraison optimale. Pour chaque tâche, il propose une plage délimitée par deux dates : la date au plus tôt et la date au plus tard. Il ne sera pas possible de commencer avant la date au plus tôt car les

1. Développés dans les années 1950, le premier par l'US Navy, le second par Du Pont de Nemours.

tâches d'amont ne seront pas achevées, et il ne faudra pas commencer après la date au plus tard, au risque de pénaliser les tâches d'aval.

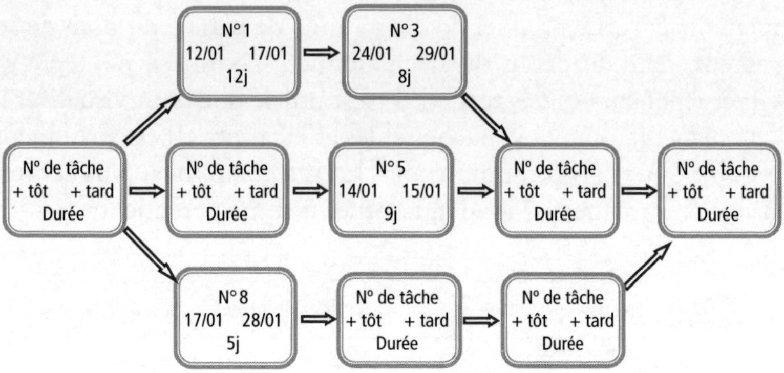

Figure 12: Exemple de diagramme Pert

Cette marge disponible permet d'amortir les glissements de planning. Si jamais une tâche d'amont prend plus de temps que prévu, ou si elle commence plus tard que planifiée parce qu'une ressource n'est pas disponible en temps et en heure, on pourra consommer sans risques cette marge de sécurité. Cette marge n'existe pas pour les tâches dites critiques situées sur le chemin (en fait le plus long) définissant le plus court délai de réalisation. On appelle ce chemin le *chemin critique.* Tout retard pris sur une tâche de ce chemin repousse systématiquement la date de livraison du projet. C'est dire à quel point il mérite une attention particulière. Si l'on souhaite écourter la durée du projet, c'est sur les tâches de ce chemin qu'il faut concentrer ses efforts.

Pour mettre un terme à la dérive des réalisations : rapprochez planification et référentiel de valeur

Pour faciliter le maintien du projet sur les rails, il est recommandé de conserver de bout en bout les guides, à base d'analyse de la valeur, que l'on a pu élaborer au moment de la phase de définition. Lors du découpage du projet pour la planification, le concepteur maintient un lien assez étroit entre les tâches élémentaires et les fonctions valorisées. En maintenant ce référentiel, il ne rompt pas les liens qui ont été établis entre les partenaires du projet lors de cette phase préalable.
Et, en cas de rush final, lorsqu'il faut interrompre le projet avant son terme, le maintien du référentiel facilite l'estimation du juste nécessaire et limite les coupes inconsidérées.

Tenir compte de la disponibilité des ressources

Toute tâche finira par utiliser la totalité du temps qui lui est alloué.

1re LOI DE PARKINSON

Une grande difficulté sera d'établir les plannings en tenant compte de la disponibilité des ressources. L'exécution d'une tâche n'est pas uniquement dépendante de la réalisation des tâches d'amont. Encore faut-il que les ressources nécessaires soient disponibles en temps et en heure. La tâche peut, par exemple, être bloquée par une question de disponibilité matérielle, comme une nouvelle version d'un logiciel indispensable qui n'est toujours pas livrée.

La tâche peut aussi tarder à démarrer, quand l'équipe chargée de sa réalisation est bloquée sur une tâche parallèle. Il faut alors considérer les dépendances entre les tâches liées à l'utilisation des ressources. Deux tâches indépendantes qui utilisent les mêmes ressources (même équipe ou même équipement) ne pourront être traitées en parallèle. La seconde tâche ne pourra commencer qu'à l'achèvement de la première.

> Rappelons que les temps perdus ne se rattrapent que très difficilement, et l'augmentation des effectifs ne résout que très rarement cette question. Il faut en effet intégrer les nouveaux dans les équipes déjà constituées et cette opération est à elle seule consommatrice de temps.

Les angoisses du *phasing* et les misères de l'ordonnancement

Il est temps d'abandonner les approches mécanistes pour mieux maîtriser complexité et rapidité. Si la délicate étape de planification, phase essentielle du projet, mérite en effet un maximum d'attention et de précautions, il ne faut pas pour autant que le planning devienne la seule raison d'être du projet.

En se focalisant sur le suivi du planning, les chefs de projet finissent par délaisser les objectifs initiaux. Ils ne considèrent plus que le respect des délais et, accessoirement, la maîtrise des budgets. Les efforts développés lors des phases amont du projet pour définir enjeux, missions et objectifs se révèlent rapidement vains. Il s'agit là d'un basculement complet du référentiel de performance. Seul le plan reste dans l'axe de mire des pilotes du projet.

Dommage pour les besoins des clients utilisateurs qui ne furent pas formalisés précisément lors de la phase de préparation. Les clients auront peut-être le système à temps, mais il n'est pas dit qu'il corresponde à leurs attentes réelles. L'exclusivité du suivi du planning et son corollaire, la confiance absolue envers les prévisions, sont une des causes d'échec les plus courantes.

Le plan est trompeur

En matérialisant le rêve, le plan masque la finalité réelle. Il est une manière de « concrétiser » le futur. La croyance dans la supériorité du plan est très forte. Elle va canaliser et bloquer la perception sur les seuls éléments liés à lui. Comment traiter les perturbations inhérentes à tout projet complexe lorsque celles-ci ne sont pas dans les plans ? Fort simplement : on les ignore.

L'héritage encombrant de la confiance dans la prévision et la rationalisation

Personne n'est immunisé contre cette obsession du planning. Le culte de la planification, édifié comme clé de voûte de la gestion de projet, promu initialement par l'école américaine, a trouvé un écho dans la patrie de Laplace et de Descartes. Il est vrai que nous portons tous en nous plus d'un siècle de culture industrielle dans la dynamique mécaniste de l'organisation scientifique du travail. Cet héritage nous rend particulièrement sensibles aux approches favorisant la prévision et la rationalisation.

LAPLACE ET LA THÉORIE ANALYTIQUE DES PROBABILITÉS

« Une intelligence qui, pour un instant donné, connaîtrait toutes les forces dont la nature est animée et la situation respective des êtres qui la composent, si d'ailleurs elle était assez vaste pour soumettre ces données à l'analyse, embrasserait dans la même formule les mouvements des plus grands corps de l'univers et ceux du plus léger atome ; rien ne serait incertain pour elle et l'avenir, comme le passé, serait présent à ses yeux » Laplace (1749-1827).

Mais c'est dans notre éducation de base que l'on trouvera les fondements de cette croyance absolue dans les vertus de la prévision et de l'analyse. Dès notre plus jeune âge, on a tous appris qu'il n'existait pas de problèmes capables de résister à une bonne décomposition en éléments simples et compréhensibles. Il suffit d'élaborer un plan précis, enchaînant les tâches composant le susdit problème, pour aboutir *ipso facto* au résultat. Si jamais, à l'échéance du délai imparti, au terme du plan, le problème n'est toujours pas résolu, c'est tout simplement que l'on n'a pas détaillé assez précisément. C'est aussi simple que cela ! Il ne faut pas chercher plus loin les causes des excès de spécification ! Certains diagrammes Pert comportent tellement de tâches et d'interrelations que seul un agrégé de mathématiques saurait l'interpréter !

Les approches mécanistes sont inadaptées à la gestion des problèmes complexes[1]. Tous les projets sont en effet innovants. En moyenne, on estime que, toutes tâches confondues, un tiers de l'ensemble du projet seulement serait de la répétition. Les deux tiers restants sont du domaine de l'inconnu. Comment alors espérer prévoir dans ses moindres détails le déroulement complet du projet ? Ceux qui se cramponnent au pouvoir absolu de la prévision et de la planification augmentent les points de contrôle. En réduisant la granularité des tâches, on peut rapprocher les jalons et augmenter ainsi significativement la fréquence des points de contrôle. Mais, plus on diminue la taille des tâches, plus on augmente le nombre de relations. Bref, le plan est encore plus complexe et plus difficile à contrôler.

Pour éviter le verrouillage du plan, planifiez selon deux niveaux de précision

Plutôt que de chercher à bâtir un planning dans ses moindres détails, qui sera illusoire par définition, il est préférable de se contenter d'une précision à plus larges mailles avec les marges de sécurité de principe. Chaque équipe de réalisation gère, à son niveau, son propre planning qu'elle peut ajuster et corriger selon ses besoins. À charge pour elle de signaler tout glissement prévisible,

1. Les supporters de la prévision et du plan aiment à citer des exemples de performance absolue, notamment dans le bâtiment. Une maison aurait été ainsi construite en quelques heures. C'est en effet remarquable. Cela dit, nous connaissons tous plutôt des immeubles construits dans la plus grande pagaille : le plombier qui passe après le peintre, avant l'électricien, etc. Toutefois, un projet d'entreprise est loin d'être comparable à la construction d'un nouveau bâtiment.

afin d'ajuster le planning général en temps et en heure. Le pilotage à deux niveaux est ainsi bien plus fin. Chaque équipe, en autocontrôle, gère ses propres jalons. Le jalon ne doit plus être perçu comme un point d'intervention unilatérale de l'autorité au cœur de la tâche en cours de réalisation. C'est au contraire à l'équipe autonome et responsable d'anticiper les dérives et de tirer la sonnette d'alarme s'il y a écart avec les prévisions.

Avec le climat d'incertitude actuel, la confiance dans la prévision perd du terrain. La gestion des risques, par exemple, est une forme de reconnaissance du caractère imprévisible des projets. Pour s'assurer que le projet reste sur les rails, il faut envisager les risques et les menaces susceptibles de compromettre le bon déroulement. La mesure des risques est en effet un premier pas vers une gestion adaptative du suivi du projet, et nous nous y attarderons au cours d'un prochain chapitre.

Mais ce n'est pas suffisant. *Il faut admettre que l'imprévu est désormais une constante de la gestion de projet.* Quelle que soit l'ampleur des travaux de préparation, il subsistera un nombre résiduel d'inconnues qui interdiront toutes formes de conception mécaniste. Rappelons que, pour Frederick Taylor, les principes de l'organisation scientifique du travail – s'exprimant par la division, la spécialisation et la standardisation – ne s'appliquent que dans le cadre de processus parfaitement connus. Seuls ces derniers peuvent être décomposés.

Les 4 préceptes de Descartes

« Le premier était de ne recevoir jamais aucune chose pour vraie que je ne la connusse évidemment être telle : c'est-à-dire d'éviter soigneusement la précipitation et la prévention et de ne comprendre rien de plus en mes jugements que ce qui se présenterait si clairement et si distinctement à mon esprit que je n'eusse aucune occasion de le mettre en doute.

Le second, de diviser chacune des difficultés que j'examinerais en autant de parcelles qu'il se pourrait, et qu'il serait requis pour les mieux résoudre.

Le troisième, de conduire par ordre mes pensées, en commençant par les objets les plus simples et les plus aisés à connaître, pour monter peu à peu comme par degré jusqu'à la connaissance des plus composés : et supposant même de l'ordre entre ceux qui ne se précèdent point naturellement les uns les autres.

Et le dernier, de faire partout des dénombrements si entiers et des revues si générales que je fusse assuré de ne rien omettre. »

Descartes, *Discours de la méthode*, 1637.

Dans le cas des projets complexes, on ne peut assurer ni le précepte 1 du *Discours de la méthode* (critère de l'évidence) ni le précepte 4 (critère d'exhaustivité). Comment pourrait-on alors appliquer le 2, voire le 3 ?

Lors de la phase de planification, il est important de faire preuve de modestie pour admettre qu'il ne sera pas possible depuis son bureau d'études de maîtriser toutes les facettes du projet. Il ne s'agit plus de prévoir tous les détails, afin que les « exécutants » n'aient plus qu'à « exécuter », en suivant le plan prévu, sans se poser de questions. La complexité ambiante se satisfait fort peu de ces ambitions de pouvoir légèrement outrancières.

S'il est inconcevable d'espérer tout prévoir et tout contrôler depuis son poste de pilotage, il est en revanche recommandé de faciliter l'autonomie et la capacité de réaction sur le terrain, au cœur même des équipes. Les membres de l'équipe de réalisation ne sont pas de simples exécutants. Leur rôle est bien plus étendu. Ce sera à eux d'adapter les solutions en fonction des attentes du client.

Les plans les plus rigoureux ne sont pas les plus efficaces

Les plans trop rigoureux et sans marge de manœuvre, ne laissant pas de place aux doutes et à l'inconnu, annihilent par principe toute forme d'anticipation. Les changements de plans sont alors effectués dans les plus mauvaises conditions, le plus souvent après les événements qui auraient dû être évités…

Théoriquement, il est impossible de piloter depuis un point unique un système d'une complexité supérieure à celle du contrôleur. Ross Ashby (1903-1972), un des pères fondateurs de la cybernétique, avait formalisé et généralisé ce principe dans sa fameuse loi de la « variété requise », selon laquelle *« La condition nécessaire pour qu'un système de variété A puisse contrôler un système de variété B est que la variété de A soit au moins égale à celle de B. »* Elle a été depuis maintes fois confirmée au cours de travaux de résolution de problèmes de gestion de la complexité dans l'entreprise. Il est ainsi préférable de répartir les centres de décision, afin de multiplier les points de maîtrise de la complexité locale. Déléguer une part de la responsabilité et du pilotage aux équipes chargées de la réalisation est une bonne solution, pour mieux maîtriser les projets d'entreprise.

À titre d'illustration croisée, les mêmes remarques s'appliquent à la production industrielle.

EXEMPLE

Avec les exigences du « juste à temps » et de la production à la demande, il n'est pas aisé d'élaborer l'ordonnancement et d'optimiser les charges des ateliers, tout en améliorant les cycles pour une meilleure réactivité, clé de la compétitivité en ce domaine. Pour résoudre les problèmes inextricables de combinatoires, les solutions sont plutôt limitées. Soit l'on choisit d'avoir recours à des algorithmes difficiles d'utilisation et sans garantie de succès (simplexe, heuristique, programmation par contraintes...), soit l'on simplifie le problème en responsabilisant les équipes et en déléguant sur le terrain la planification et l'ordonnancement de détail. Nombre d'entreprises ont préféré avec justesse cette seconde solution.

La phase de planification est, en fait, un cadrage général. À défaut de servir de guide implacable, le plan doit être compris comme une référence pour toute l'équipe, un balisage du parcours.

Le skipper a bien établi une route avant son départ. S'il envisage les différents problèmes susceptibles d'être croisés, c'est pour être prévenu et s'équiper des ressources nécessaires (analyse de risques) et non pour tracer la route la plus précise.

Splendeurs et misères du planificateur

Cette perte de pouvoir du chef de projet planificateur n'est pas toujours acceptée de gaieté de cœur. Découvrir que l'on n'est qu'un facilitateur, chargé d'assurer l'intendance et prévenir les problèmes, peut décevoir.

L'élaboration d'un plan précis confère à celui qui l'élabore une supériorité teintée d'une certaine suffisance. Laisser volontairement des trous dans les plannings, admettre qu'il existe des inconnues, accepter que l'on ne dispose pas de toute la connaissance et qu'il faudra faire appel à d'autres acteurs, contraint le planificateur à descendre de son piédestal. Ce basculement d'ambition peut être la cause d'une certaine forme de frustration...

Sept recommandations pour mieux maîtriser l'organisation

Pour supprimer l'effet « trou noir », découpez le projet en lots

Lorsque le projet est un peu conséquent, il est préférable de le fractionner en lots. Un lot est une unité finie du projet directement livrable, sans attendre l'achèvement de la totalité. Dès réception, les utilisateurs commencent à se faire la main et sont ainsi à même d'apprécier et d'apporter des commentaires constructifs. Ces commentaires sont fondés, ils sont d'un grand secours pour recadrer le projet et réorienter les lots suivants.

Avec la notion de lots, on évite l'effet « black-out », où, durant toute la phase de réalisation, on observe un total silence radio, aucune information n'étant produite. Il faut attendre, au terme du projet, la recette pour enfin commencer à apprécier le système livré. Le découpage en lots est devenu indispensable. Il faut cependant reconnaître, à la décharge des concepteurs réticents à ce mode de fonctionnement, qu'il est bien plus facile de définir un projet d'un seul tenant que de le découper en lots livrables et opérationnels.

Pour ne plus sous-estimer les coûts et les temps, développez la coopération dès les prémices du projet

Aucune estimation de délais et d'utilisation des ressources ne sera faite sans l'accord des hommes chargés de la réalisation. L'estimation des délais est une question cruciale. C'est l'une de principales causes des dérives budgétaires. Il vaut mieux adopter un principe de responsabilisation, en incitant les équipes de réalisation à s'engager sur des délais fermes.

Tout le monde connaît l'optimisme des spécialistes, techniciens et autres informaticiens, et il est bon de les inciter à bien considérer l'ensemble des paramètres. Mais on connaît moins l'effet dévastateur du pouvoir d'influence des chefs de projet sur les prévisions. Tenus par des budgets serrés et des délais toujours plus courts, ils ont, lors de cette étape, une forte tendance à mettre la pression pour obtenir des estimations plus conformes à leurs attentes. De toute façon, quand un délai n'est pas tenable dès l'origine, il faut être un doux optimiste pour espérer qu'il soit quand même tenu. Il n'est d'ailleurs pas recommandé d'envisager des surcharges de travail dès l'élaboration du planning. Il sera bien temps en cours de réalisation de recourir aux heures supplémentaires pour traiter les points que l'on aura sous-estimés.

Pour maîtriser les dérives budgétaires, utilisez au mieux les compétences

Les budgets sont de plus en plus serrés, et il n'est pas sérieux de ne pas utiliser au mieux les compétences rares, indispensables à tout projet. Par exemple, un ingénieur expert n'est pas payé pour faire de la migration de données depuis les applications antérieures. Même s'il est quelquefois plus simple de faire soi-même que de consacrer du temps à expliquer, il vaut mieux éviter ce type de dérive qui, à terme, grève les budgets. Dans tous les cas, il faut assurer une concordance optimale entre le degré de complexité des tâches à accomplir et les compétences proposées.

Pour éviter les retards à répétition, assurez la logistique

La gestion des ressources est un des points majeurs de la phase de planification. S'il est totalement inutile de réaliser des plannings bien précis sans tenir compte de la disponibilité des ressources humaines et matérielles, il est tout aussi important d'assumer en cours de réalisation l'ensemble des besoins des équipes au travail. Il est quelquefois absurde de les priver d'outils élémentaires, pour cause de restrictions budgétaires, sans prendre en compte les coûts supplémentaires générés par des équipes travaillant dans de mauvaises conditions. Le degré de confort de travail minimal est, en effet, peu perceptible lorsque l'on n'est pas concerné directement. La logistique est le nerf de la guerre, c'est bien connu…

Pour éviter la confusion des rôles, maîtrisez les affectations

Une fois le projet lancé, quelle que soit la qualité de la planification, il n'y aura pas de mou pour les temps morts. Les équipes seront rapidement occupées à 100 % minimum. Retenons que les affectations multiples sont totalement néfastes à la réussite du projet. Il est ainsi préférable d'éviter d'affecter la même personne sur plusieurs projets. La complexité de chaque projet, non visible lors de l'étape de définition, finira par accaparer les hommes en totalité. Pour que chacun puisse accomplir au mieux sa mission, il vaut mieux éviter de cumuler les préoccupations. Ce point est aussi vrai lors de la délégation partielle d'acteurs encore liés à leurs fonctions habituelles dans l'entreprise. Il est impossible de continuer à assurer sa mission journalière, tout en étant acteur à part entière d'un projet.

Pour mieux maîtriser les dérapages, limitez les changements de priorités

Lorsque le projet commence à prendre du retard, les règles élémentaires de gestion recommandent de délaisser le superflu et de se concentrer sur les priorités, et exclusivement sur les priorités. Le problème, c'est qu'en cours de projet les priorités peuvent changer. Et lorsque les priorités changent trop fréquemment, les hommes se démobilisent. Pourquoi s'investiraient-ils à fond sur une tâche, s'ils soupçonnent qu'ils ne la conduiront pas à son terme ?

De même, il vaut mieux éviter de se focaliser outre mesure sur les tâches du chemin critique (définies par le Pert). Il est vrai que tout retard pris sur une des tâches se répercute immédiatement sur la date de livraison du projet. Mais une des erreurs est d'attacher une priorité trop élevée à ces tâches critiques, aux dépens des autres tâches disposant d'une marge de manœuvre, et de ne pas voir le retard arriver par la bande. Au cours d'un projet, le chemin critique peut évoluer en fonction des retards pris par les autres tâches non critiques à l'origine. Une fois la marge disponible consommée, le délai devient impérieux. La tâche qui disposait d'une saine marge de manœuvre peut devenir une nouvelle tâche critique.

Pour prévenir les découragements, gérez les détails

Il est difficile de se mettre à la place des acteurs de terrain. En réunion, certains problèmes, considérés comme négligeables, sont plus ou moins rejetés ou repoussés. Pour celui qui se tient à distance des préoccupations de terrain, ce n'est peut-être qu'un simple détail. Mais ce détail est sans doute en train d'empoisonner la vie d'un homme ou d'une femme aux prises avec son lot de problèmes quotidiens. C'est un facteur de stress supplémentaire, et il est bon de considérer ces détails à leur juste valeur. La réussite des projets dépend aussi du soin avec lequel on traite les détails.

Pour aller plus loin

Ne pas se reposer exclusivement sur les outils

Les limites des démarches normalisatrices

Un exemple : les méthodes et les normes qualité

L'importance prise par la question de la qualité dans l'entreprise, ces deux dernières décennies, a ouvert la porte à un véritable engouement pour les démarches normalisatrices. Il est vrai que la mise à plat des processus, le *phasing* précis ou encore la définition des rôles sont des points à éclaircir avant d'entreprendre tout projet. En plaçant l'accent sur ces préalables, les recommandations de la normalisation sont bien entendu d'un apport bénéfique. Il ne faudrait pas pour autant que la certification tienne lieu de coupe-file lors de l'étape de sélection des prestataires. Elle est, en effet, loin d'être suffisante pour garantir une conduite de projet réellement efficace. La réalisation d'un produit, répondant aux besoins implicites et explicites du client, n'est pas uniquement conditionnée par l'application d'une norme, aussi complète et exhaustive soit-elle. D'ailleurs, quelles que soient les solutions proposées pour le management du projet, aucun outil, serait-ce une méthode éprouvée garantie infaillible selon ses promoteurs, ne se suffit à lui-même.

Paradoxalement, il est préférable quelquefois de conserver une certaine réserve vis-à-vis de spécialistes élevant la pratique des outils au rang du dogme. Obsédés par l'ordre et la rigueur, ils n'ont plus foi qu'en l'application de la méthode et en oublient les attentes légitimes des clients.

Ne perdons pas de vue qu'un projet d'entreprise n'est pas équivalent à la conception d'un nouveau réfrigérateur ou à la construction d'un pavillon de banlieue. Manager un projet d'entreprise, c'est utiliser des produits que l'on ne maîtrise pas toujours très bien (car trop récents) qui, de surcroît, ne sont pas toujours très fiables (les nouvelles versions de logiciels mal déboguées sont un travers courant) pour répondre à des attentes imprécises (le client ne sait pas toujours ce qu'il veut car il ne sait pas ce qui est possible), dans un contexte qui n'est pas toujours parfaitement connu (chaque entreprise est unique).

Autant une démarche méthodologique normalisée peut être profitable[1] lorsqu'elle est mise en action avec modération, autant elle peut être perverse lorsqu'elle est appliquée par des rigoristes. À défaut de dynamiser le bon sens, les méthodes appliquées sans réflexion de fond imposent un cadre rigide, véritable castrateur d'innovations. Or, ce n'est pas vraiment par manque de rationalisation que pêchent les conduites de projet.

Remettre l'homme au cœur du processus

Pour espérer maîtriser la complexité ambiante, il faut au contraire remplacer la rigidité normative par une liberté d'émulation créative, dynamisant l'innovation et la production d'idées.

Dans l'état de l'art actuel, il est quelque peu ambitieux de rechercher la standardisation et la reproductibilité des produits. Il est préférable de se consacrer à la mise en place d'un climat de créativité, afin de voir émerger cette différence qui caractérise l'entreprise, qui lui assurera un avantage concurrentiel. Pour pouvoir atteindre ce but ultime, il vaut mieux délaisser la gestion des procédures et se consacrer à temps complet à celle des hommes.

1. Ce propos englobe tous les référentiels normalisés quels qu'ils soient.

EXEMPLE

Pour tester la résistance des pare-brise d'avion, l'administration aéronautique fédérale américaine FAA avait mis au point un pistolet qui lançait des poulets morts. Le poulet était propulsé à la vitesse d'un avion en plein vol. Si le pare-brise résistait au choc, cela signifiait qu'il ne subirait aucun dommage lors de la rencontre avec un véritable oiseau. Les ingénieurs anglais ont essayé le pistolet pour vérifier la solidité du pare-brise d'une nouvelle locomotive à grande vitesse. Le poulet a éclaté le pare-brise, pulvérisé le tableau de bord et détruit le siège du pilote avant de s'encastrer dans le mur du fond de la cabine de pilotage. Choqués, les Anglais ont transmis tous les éléments à la FAA afin de vérifier le protocole de test. La FAA a étudié les éléments transmis puis a émis une recommandation laconique : « Décongelez le poulet ! »
Meat and Poultry, magazine agricole américain, information reprise par *Le Canard enchaîné*.

Utiliser les méthodes à bon escient

Avant d'être théorisées, les bonnes méthodes naissent d'un processus inductif exploitant l'expérience de terrain cumulée. La méthode propose un cadre de travail précis et balisé pour conduire le projet à son terme selon un processus déductif. Généralement, une méthode digne de ce nom comporte au moins :

- un vocabulaire précis pour formaliser le problème à traiter et les étapes du déroulement ;
- une description des rôles et responsabilités de chaque acteur du projet ;
- un phasage du projet et une description précise de chacune des phases ;
- une métrique pour évaluer la performance.

Toute bonne méthode est là pour stimuler la réflexion et structurer la pensée des acteurs du projet, tout en profitant de l'enseignement et du balisage proposés par les concepteurs initiaux, véritables « éclaireurs ». Il faut cependant éviter de se laisser entraîner dans un formalisme outré. Il ne mènera qu'à un débat de rhétorique, fort loin des préoccupations des clients.

À RETENIR

La valeur du projet n'est pas universelle. Chacune des parties prenantes concernées l'observe selon son point de vue personnel. L'élaboration d'un référentiel de valeur est un préalable à tout projet. Il permet d'évaluer la valeur au sens des parties prenantes. C'est un excellent outil de dialogue et d'anticipation des dérives. Ensuite, l'étape de planification est un peu la pierre angulaire du projet. Lors de son élaboration il est cependant bon de se méfier des excès de spécifications qui rigidifient la projection. Nous ne sommes pas dans un contexte déterministe. Les plans trop rigoureux finissent toujours par dicter leur loi.

http://tb2.eu/c2

Les techniques de la négociation appliquées à la gestion des projets complexes

Au cours de la réalisation d'un projet, les occasions d'exercer ses talents de négociateur ne manquent pas. Au fil des réunions de préparation et de gestion du projet, le manager se retrouvera maintes fois confronté à des protagonistes défendant des intérêts divergents. Sans aucune ambition d'exhaustivité, pensons simplement aux multiples fois où l'on doit composer avec des responsables de division qui rechignent à mettre à disposition les ressources nécessaires, sans contreparties concrètes et immédiates. Comment débloquer la situation quasi inextricable *a priori* ? On n'oubliera pas non plus les angoisses des équipes de projet face aux injonctions des donneurs d'ordre imposant des contraintes calendaires irréalistes, ou des clients inconstants bousculant les priorités au gré d'une stratégie instable. Ce sont de « grands classiques » de la conduite de projet. Ils ne sont pas plus faciles à résoudre pour autant. Enfin, lorsque les ressources sont rares, les fournisseurs, les sous-traitants et les spécialistes profitent de l'exclusivité et s'avèrent peu conciliants sur les prix. Leurs exigences risquent, tout simplement, de faire exploser les budgets. Sans aucun doute, vous connaissez sûrement bien d'autres situations de blocage potentiel qui ne pourront être dépassées sans une négociation parfaitement maîtrisée.

Un projet stratégique correctement élaboré offre de multiples avantages pour l'ensemble des parties. L'optimum serait donc de fédérer l'ensemble des protagonistes du projet autour des enjeux stratégiques. Théoriquement, la coopération devrait l'emporter sur l'opposition. Mais théoriquement seulement. Dans les faits, les comportements humains sont tout autres. Chacun agit dans son propre intérêt et protège naturellement ses acquis. Un comportement égoïste, il est vrai, mais quoi de plus de rationnel que de chercher à préserver ses intérêts en rejetant toutes les formes d'inconvénients engendrés par la réalisation du projet ?

La tâche du chef de projet sera de transformer cette situation d'adversité préalable en une saine coopération profitable pour tous.

Comment faire ?

Lors des toutes premières rencontres, les protagonistes sont en désaccord, les points de vue divergent. C'est pour cela qu'il y a discussion, puis négociation. L'objectif de la négociation sera de parvenir à un accord conforme aux enjeux stratégiques, et satisfaisant pour toutes les parties. Pour que l'accord soit possible, encore faut-il que chacun des participants dispose d'une marge de négociation suffisante. C'est une condition essentielle pour aboutir à un compromis acceptable et accepté.

S'assurer de la complétude de l'information

On ne peut pas négocier tant que subsistent des zones d'incompréhension. L'information doit être claire et complète pour chacun des participants à la table de négociation. Disposer d'une information complète n'est autre que la garantie de connaître exactement ce que l'on peut gagner et ce que l'on risque de perdre. C'est à cette condition que chacun des protagonistes pourra estimer au mieux sa marge de négociation.

C'est là un premier niveau d'information.

Instaurer un régime de confiance pour des échanges productifs

La phase de discussion permettra de pousser plus avant la connaissance partagée. Les possibilités offertes à chacun des acteurs vont s'éclaircir. La question du comportement futur des partenaires de la négociation reste néanmoins en suspens. Aussi est-il indispensable de développer au fil des réunions un climat d'intelligence et de confiance, afin que chacun puisse mieux appréhender les enjeux et stratégies des autres partenaires de la négociation.

Gérer le questionnement

Dans notre cas, il ne s'agit pas nécessairement d'une féroce négociation commerciale. On ne cherche pas à s'arracher une affaire. Construire ensemble n'est pas plus facile pour autant. Les comportements humains sont ce qu'ils sont. Le bon sens commun nous apprend à juste titre qu'« *il vaut mieux tenir que courir* ». Les avantages présents sont concrets. Ceux apportés par le projet ne sont encore qu'hypothétiques. Aussi, ce n'est pas en restant ferme sur ses positions et en concédant à regret quelques portions de terrain lorsque le rapport des forces s'inverse que l'on parviendra à un accord construit.

Notre premier objectif sera de mieux comprendre les raisons du désaccord.

Défendre bec et ongles sa position, sans chercher à comprendre pourquoi l'opposant n'est pas sensible aux avantages présentés, n'est pas la meilleure méthode. Il est nettement préférable de se placer dans un registre d'empathie. Nous questionnerons soigneusement l'adversaire du moment pour l'inciter à s'impliquer un peu plus dans l'échange, afin de nous aider à mieux comprendre son point de vue. C'est une stratégie de négociation, n'en doutons pas.

Pour réussir cette délicate phase de la négociation, il ne faut surtout pas être persuadé d'être le seul à avoir raison face à des opposants qui ne comprennent pas. Ainsi, ce n'est pas en répétant inlassablement les mêmes arguments que l'on pourra convaincre. La diplomatie est un exercice de modestie. Négocier, c'est aussi écouter soigneusement les autres, quitte à adapter le projet pour le mieux.

Manager les conflits

Lorsque les positions sont fermement arrêtées, le conflit peut éclater à tout instant.

Le conflit ne doit être que ponctuel et limité dans sa durée. Les discussions préalables à la négociation proprement dite ont aussi pour objectif de faciliter le passage du terrain des luttes conflictuelles à celui de la coopération.

Il est assez courant qu'un conflit soit engendré par une différence d'appréciation de l'importance d'un désagrément. Dans tous les cas, c'est la discussion étayée d'arguments concrets qui permettra d'éclairer et de résoudre ce point précis. L'exagération du désagrément en question peut aussi être un prétexte pour nourrir l'adversité. Deux acteurs en compétition sur d'autres terrains ne vont pas tomber les armes une fois dans la salle de négociation. Que les enjeux du projet ne remettent en aucune manière en question les positions réciproques importe peu. L'humain est ainsi et la culture de la compétition individuelle pratiquée par une majorité d'entreprises n'arrange rien.

Cela dit, tous les conflits ne sont pas toujours à éviter.

Sous certaines conditions, ils font aussi avancer le débat en incitant les protagonistes à dévoiler un peu plus leurs motivations et à éclairer les contradictions. Le conflit peut être un livre ouvert pour celui qui sait rester en retrait et conserver son objectivité. Bien géré, il peut aussi devenir un creuset d'idées originales. Pour défendre leur point de vue, les protagonistes iront en effet puiser dans leurs ressources les plus intimes, et mettront leurs neurones en effervescence. Bien entendu, toute conversation, aussi animée soit-elle, n'est pas nécessairement un conflit en puissance. Défendre vaillamment un point de vue ne révèle en rien une quelconque animosité envers les autres protagonistes. Enfin, si des débats animés sont nécessaires pour mieux progresser, il ne faut surtout pas laisser les conflits s'envenimer afin d'éviter les situations de blocage.

Passer de l'adversité à la coopération

Nous ne sommes pas dans un jeu à somme nulle où ce que perdent les uns est gagné par les autres[1]. Il y a moyen d'accroître le gain global sans pour autant créer des perdants. La coopération plutôt que l'adversité n'est pas un simple slogan.

La coopération n'est autre que le basculement d'un intérêt égoïste vers un intérêt mutuel. Le second n'empêche en rien le premier. Et c'est bien cela que doit démontrer le chef de projet efficace. C'est en laissant à chacun la possibilité de s'exprimer en toute confiance et d'argumenter sans complexes ses doutes, qu'il parviendra à cet ambitieux objectif.

Gérer les concessions et les contreparties

Pour réussir la négociation et aboutir à un consensus acceptable et accepté, les protagonistes feront des *concessions* ou exigeront des *contreparties*.

Par définition, une *concession* est une perte raisonnée d'avantages existants ou prévus, ou encore un accroissement des inconvénients potentiels. Avant de s'asseoir à la table des débats, le négociateur averti a déjà comptabilisé une bonne part des avantages qu'il est prêt à concéder. Il s'agit là de l'indispensable marge de négociation que nous avons évoquée ci-dessus.

Une *contrepartie* est une forme d'échange d'avantages ou d'inconvénients afin de répartir et d'amoindrir le désagrément subi. Bien étudiées, les contreparties se révèlent quelquefois bien plus constructives que prévues. Lorsque la phase d'information et de consultation préalable a été bien conduite, de nouvelles pistes particulièrement intéressantes peuvent être suggérées. On prendra le temps de réfléchir aux avantages et contraintes des nouvelles orientations sous l'éclairage des enjeux du projet en termes de stratégie, de budgets et de délais impartis, sans oublier une évaluation précise des risques inhérents.

1. Un jeu d'échecs ou une partie de poker sont des jeux à somme nulle. Voir sur le site www.piloter.org/decision/theorie-des-jeux-negociation.htm les références à propos de la théorie des jeux et ses exemples classiques.

Les principales difficultés d'une négociation

De la théorie à la pratique

Dans la pratique, les rapports de force ne sont pas équilibrés. Certains protagonistes sont plus puissants que d'autres, ne serait-ce que par leur position hiérarchique ou leur charisme. Lorsque le chef de projet est extérieur à l'entreprise, il n'est pas *a priori* dans la position la plus enviable pour imposer son point de vue. Pourtant, détaché de la ligne hiérarchique et des ambitions personnelles internes à l'entreprise, il peut aussi transformer cet inconvénient en avantage en jouant la carte de l'objectivité.

Ceux qui ne jouent pas le jeu

La volonté de construire pour la communauté les laisse indifférents. Seul leur intérêt personnel importe, quelle que soit l'issue du projet.

Les ambitieux égoïstes

Focalisés sur le besoin de satisfaire leurs ambitions personnelles de succès, ils font fi des finalités du projet lorsque celui-ci ne les sert pas directement et exclusivement. C'est un obstacle à l'accession au consensus.

Les manipulateurs

Ils disposent d'un pouvoir d'influence conséquent ou d'un charisme avéré, et ont tendance à confondre négociation et manipulation. Au lieu de stratégie construite et participative, ils préfèrent abuser de stratagèmes pour rallier les forces à leur point de vue.

Les belliqueux

On cherchera à identifier le plus tôt possible ceux qui ne savent s'exprimer que dans l'adversité et le conflit. Le cas est rare mais n'est pas exceptionnel. Ils ne sont pas vraiment à leur place à une table de négociation. S'il n'existe guère de possibilité de les remplacer, il faudra faire preuve de diplomatie afin de composer au mieux. La meilleure solution sera de mettre en évidence le caractère subversif de l'argumentation afin d'éviter qu'ils ne participent à une coalition. On ne s'en fera pas nécessairement des amis mais c'est le seul moyen de sauver le fragile consensus en construction.

Les passagers clandestins

On ne manquera pas d'identifier les « passagers clandestins » qui, discrètement en bout de table, essaient de profiter des avantages sans nullement s'investir.

Les gains ne sont pas toujours perceptibles

Si l'ensemble des acteurs peut être sensible aux avantages prévus, les concessions générées par le changement à court et à moyen terme masquent les intérêts encore hypothétiques. Soyons concrets. Dans la vraie vie, les jeux tout gagnant ne sont guère la réalité. Pour certains acteurs, les avantages ne seront qu'à peine perceptibles. Il faudra en tenir compte lors de la négociation et s'en souvenir lorsque les débats marquent un temps d'arrêt.

CONSEIL PERSONNEL

Au fil de l'avancement du projet, les positions de chacun évoluent. Il est important de consigner ses impressions et sentiments sur chaque situation afin de mieux appréhender les stratégies de chacun, et d'anticiper les positions futures. Personnellement, je profite de ces phases pour préparer la carte de valeurs qui évoluera au cours des rencontres.

Dès qu'un terrain d'entente commence à se profiler et que l'accord se matérialise, je vérifie qu'il est correctement formulé et que chacun des protagonistes assure le transfert d'informations auprès de sa propre équipe. C'est à cet instant que commence l'accompagnement du changement.

Comment ne pas rater une négociation

L'urgence ne doit pas conduire à la précipitation. L'effervescence du lancement du projet peut inciter à brusquer le déroulement des échanges. Prendre le temps d'étudier soigneusement les points de vue et les alternatives, c'est aussi cela gagner du temps.

On évitera les phrases définitives et les menaces verrouillant l'échange : « *Le projet ne pourra pas être réalisé !* » « *On ne peut plus rien changer !* »

On n'achète pas non plus la confiance à l'aide de concessions et de contreparties abusives. Concessions et contreparties seront sélectionnées et évaluées en tenant compte des enjeux stratégiques et des contraintes de temps, de délais, de qualité, voire de risques le cas échéant.

http://tb2.eu/c3

Axe 2

Dynamiser la coopération étendue

Si tu veux construire un bateau, ne rassemble pas des hommes
pour aller chercher le bois, préparer les outils et distribuer les tâches,
mais enseigne-leur la nostalgie de l'immensité infinie de la mer.

D'après Antoine de Saint-Exupéry

Dynamiser la coopération étendue, ce n'est pas coordonner. À l'origine du projet, le manager ne dispose pas de toutes les cartes et ne peut dicter à la virgule près les tâches respectives. Pour maîtriser les inévitables zones d'incertitude et assurer une réalisation optimale, il recherchera dans une dynamique active la coopération de l'ensemble des acteurs du projet.

	Maîtriser l'organisation du projet
AXE 1	■ **2 bonnes pratiques de bons sens** 1) Construire le référentiel de valeur 2) Privilégier la réactivité ■ **Efficacité du manager** Maîtriser les techniques de la négociation
	Dynamiser la coopération étendue
AXE 2	■ **3 bonnes pratiques de bons sens** 3) Synchroniser les rôles 4) Abandonner le management autoritaire 5) Favoriser la coopération interne et externe ■ **Efficacité du manager** Utiliser les outils de la psychosociologie
	Développer les outils d'assistance à l'anticipation
AXE 3	■ **4 bonnes pratiques de bons sens** 6) Mesurer la performance pour assister la décision 7) Assurer le suivi des enjeux 8) Adopter une démarche d'amélioration continue 9) Anticiper les risques d'échec ■ **Efficacité du manager** Méthodes et outils de gestion du temps
	Faciliter l'intégration – Accompagner le changement
AXE 4	■ **3 bonnes pratiques de bons sens** 10) Intégrer les projets dans la chaîne de valeur 11) Assurer le pilotage actif du changement 12) Intégrer les coûts du processus d'intégration ■ **Efficacité du manager** Communication et conduite de changement

Témoignage de Cécile

Le chef de projet est le chef d'orchestre

Cécile, directrice du département production d'une société d'édition de progiciels bureautiques.

Je l'avoue, le premier projet que j'ai conduit ne fut pas vraiment ce que l'on appelle un succès ! Il faut dire aussi, à ma décharge, que j'étais assez jeune et je ne m'étais pas rendu compte à quel point il était important de disposer d'une véritable autorité hiérarchique sur l'ensemble des membres du projet. Ainsi, les chefs de division dont dépendaient les membres de l'équipe intervenaient à tout instant, pour une urgence de service réelle ou imaginaire. Je ne l'ai jamais su. En tout cas, le projet n'avançait pas et je subissais toute la pression de la direction. Pour débloquer la situation et aussi, il faut le reconnaître, limiter un peu mes crises de stress et mes angoisses, je passais mes soirées et mes week-ends à réaliser les parties que je pouvais techniquement maîtriser. Ce ne fut pas suffisant et le projet fut interrompu. Par la suite, bien sûr, j'ai bien compris à quel point il était indispensable de disposer au préalable d'une véritable autorité hiérarchique sur les membres de l'équipe. Mais j'ai aussi appris que l'autorité ne s'exprimait pas selon le schéma classique du chef de l'imagerie populaire. Ne pas pouvoir maîtriser tous les aspects techniques lors de cette première expérience m'avait laissé un sentiment d'infériorité. Je ne me sentais pas à ma place. À l'époque, je pensais réellement que le chef connaissait mieux la technique que les membres de l'équipe. Je confondais autorité et pouvoir, pouvoir et compétence. Les projets sont complexes, les équipes sont composées de spécialistes qui disposent d'une connaissance bien spécifique sur un domaine particulier. C'est d'ailleurs pour cela qu'ils interviennent. Le chef de projet, c'est un peu le chef d'orchestre qui va mettre en musique la partition globale. Les détails spécifiques de l'interprétation de chaque instrument ne dépendent pas de lui. Chaque membre de l'équipe est un professionnel qui sait utiliser son instrument. Son rôle sera plutôt de synthétiser l'ensemble des interprétations afin de construire un tout cohérent et conforme aux attendus. Mon conseil : ne confondez pas les différentes formes d'autorité et de pouvoir. À chacun son rôle.

3e pratique de bon sens

Synchroniser les rôles

Les principes classiques de l'organisation du travail préconisent un découpage précis et délimité des tâches à exécuter. Mais les projets sont de plus en plus complexes et imposent, pour leur bon accomplissement, de laisser une plus large latitude de gestion et de décision aux acteurs spécialistes en charge de la réalisation. Comment sortir du dilemme ? En remplaçant la coordination des tâches par la synchronisation des rôles.

Ne pas compter uniquement sur les méthodes et les outils

Dans l'esprit mécaniste abordé au chapitre précédent, la gestion des hommes n'est pas un point particulièrement préoccupant. Une fois le projet découpé en tâches élémentaires, il suffit d'en coordonner l'exécution, tout en respectant les recommandations de performance : ne pas dépasser les délais impartis et rester dans les limites budgétaires. Comme tout est prévu à l'avance, les hommes n'ont qu'à exécuter les travaux attendus, sans se poser trop de questions. Au final, si les consignes initiales ont été suivies, le projet sera achevé dans les délais.

Ce modèle, *a priori* idéal, ne résiste pas longtemps face à l'incertitude et à l'imprévisibilité, deux caractéristiques des projets d'entreprise actuels. À première vue, en tout cas à la lecture des ouvrages spécialisés, il semble bien que l'on soit revenu de ce modèle dirigiste pétri de certitudes. Pourtant, dans la réalité, la croyance dans le pouvoir des prévisions et le peu d'estime dans les capacités des hommes de terrain persistent contre vents et marées. Et si, aujourd'hui, la grande majorité des responsables de projet sont parfaitement conscients du rôle crucial joué par les acteurs de terrain dans la maîtrise de la complexité, ils sont encore nombreux à considérer les hommes comme un problème et à penser que c'est avec des trucs et des machins que l'on sera capable d'accéder au stade ultime du cumul des intelligences, clé de la réussite.

Paradoxalement, un nombre non négligeable de managers ou cadres n'ont qu'une notion assez superficielle de l'encadrement d'équipe projet. Pour compenser leurs manques, ils sont très friands d'outils accessoires dérivés de techniques, comme l'analyse transactionnelle ou la programmation neurolinguistique pour constituer les équipes. Lorsque ces techniques sont correctement étudiées, elles sont d'un apport certain pour améliorer ses propres dispositions au relationnel et au management des hommes. Survolées au cours d'un stage rapide, en « prêt-à-digérer » elles sont inutiles, voire néfastes lorsque l'auditeur se contente de ce seul enseignement. Dans tous les cas ces méthodes partent d'un postulat idéaliste, supposant que le manager ait le choix pour constituer son équipe. Malheureusement, les compétences sont rares et, même si l'expert du domaine clé n'est pas l'être le plus social au monde, on composera quand même avec…

Se confronter à la réalité de la gestion d'équipe

La croyance dans le pouvoir absolu des méthodes et outils a la vie dure. Le manager en perd tout ce qui fait de lui un homme, être social par excellence, pour se réfugier dans des techniques dénaturant les rapports humains[1].

Le maître mot : communiquer

Pour communiquer, il faut aussi savoir estimer et pas uniquement juger et catégoriser. Si vous n'aimez pas les autres, si vous n'êtes pas prêt à donner une part de vous-même sans attendre de retour, autant abandonner le métier de manager de projet ! Il n'est pas fait pour vous. La gestion d'équipe, ce n'est pas de la manipulation. Il ne suffira pas de faire des sourires et de donner des petites tapes dans le dos de celui qui, d'après le modèle d'analyse, y serait particulièrement sensible.

Le manager devra aussi identifier tous les comportements déviants : les usurpateurs qui laissent penser, ou pis, croient eux-mêmes qu'ils possèdent la maîtrise d'une technique et se révèlent de piètres praticiens en situation, les intrigants, arrivistes en tout genre et autres adeptes de la « brosse à reluire » qui sauront s'approprier les résultats de camarades moins extravertis, les casseurs et autres nihilistes de la réussite qui marchent à visage masqué… Et, pour cela, il n'existe ni guide ni méthode ou outil infaillibles, juste quelques pistes à peine balisées. Le manager tirera profit de cet enseignement sans pour autant négliger sa propre expérience et sa sensibilité personnelle.

> Se confronter à la réalité de la gestion d'équipe, c'est aussi savoir manager des personnes difficiles, *a fortiori* si l'une d'entre elles a pour ambition de « renverser » le chef de projet.

1. Jean-Pierre Le Goff, dans son livre *Les illusions du management* (La Découverte, 2003), traite cette question.

Les 10 comportements déviants selon Brinkman et Kirschner

Le « Tank », pour qui la fin justifie les moyens.

Le « Sniper », celui qui ne vous aime pas, il sabote en douce et colporte les ragots.

La « Grenade », ou le colérique sans raison suffisante.

« Celui qui sait tout », il ne sait qu'expliquer ce qu'il connaît (quasiment, tout à l'entendre) mais il oublie d'écouter les autres.

« Celui qui pense qu'ils savent tout », il y a plutôt intérêt à connaître le sujet dont il parle…

Le « Yes Person » qui est toujours d'accord mais ne tient jamais ses promesses.

Le « Peut-Être » qui ne se décide pas jusqu'à l'ultime limite… Et d'ailleurs même une fois celle-ci passée, il ne s'est toujours pas décidé.

Le « Rien » qui ne dit rien, ne donne jamais son avis, jamais de feed-back.

Le « No Person », qui dit : « Je ne suis pas négatif, je suis seulement réaliste ! ».

Le « Whiner » qui se lamente interminablement et dramatise tout.

Le comportement déviant n'est pas toujours le propre d'un individu

S'ajoutent à ces éléments, 4 types de motivations pouvant être la cause du comportement déviant :

- terminer au plus vite le projet ;
- réussir le projet ;
- bien s'intégrer dans l'équipe, ne pas faire de vagues ;
- être apprécié, reconnu.

En fait, on est tous plus ou moins mus par une ou plusieurs de ces motivations. Le déviant est celui qui passe la norme. Au fil du projet, le comportement acceptable d'un membre de l'équipe peut changer et devenir déviant. De multiples raisons expliquent ces évolutions de comportement pour le moins néfastes : un projet difficile, au déroulement irrégulier et parsemé d'embûches qui épuisent l'équipe, des problèmes personnels externes…

Les ambitions personnelles mises en péril sont aussi source de conflits internes entraînant de la même façon des comportements déviants qui mettent à mal le projet.

Les solutions : prendre le temps d'écouter et mettre en place la stratégie la mieux adaptée pour rechercher et développer le meilleur de chacun.

Pour éviter les conflits de pouvoir, soignez vos relations avec les responsables de services

Les luttes de territoires sont toujours présentes dans l'entreprise. Cette question est particulièrement aiguë dans le cadre d'organisations d'inspiration matricielle, où les membres de l'équipe sont tenus de répondre à de multiples hiérarchies aux intérêts divergents. Ce tiraillement devient rapidement insupportable et contribue à une démobilisation rapide. L'acteur pris entre deux feux accordera plus d'attention à l'autorité correspondant à son intérêt. Pour éviter ce type de conflit, il est important de prendre le temps d'établir une relation saine et durable avec les responsables de service d'origine.

La gestion d'équipe : une affaire de synchronisation

Une équipe projet n'est pas un pool de dactylos. Passer de la coordination, où l'on dicte les travaux et la manière de les accomplir, à la synchronisation des rôles, où ce sont les hommes qui disposent de la compétence et du savoir, est une révolution en soi. Le manager de projet est-il en quelque sorte un chef d'orchestre ? Oui, mais un chef d'orchestre qui dirigerait un ensemble de solistes virtuoses ! Pas évident de parvenir à une bonne interprétation de la symphonie...

4e pratique de bon sens

Abandonner le management autoritaire

Malgré les recommandations répétées des théoriciens, les managers hésitent encore à abandonner le mode de management classique, de type directif, pour adopter des principes fondés sur la participation étendue. S'il est vrai que le mode directif est efficace pour les travaux répétitifs, il est purement et simplement contre-productif pour la réalisation des projets complexes actuels.

Il y a au moins trois bonnes raisons pour abandonner le management traditionnel autoritaire :

- il n'est pas le mieux adapté à la gestion des projets complexes ;
- il ne permet pas une résolution optimale des problèmes rencontrés au fil du projet ;
- il n'est pas en phase avec les nouvelles organisations d'équipes projet.

On adoptera ainsi un style adapté aux exigences des projets complexes et aux nouveaux principes de fonctionnement des équipes.

Le management traditionnel n'est pas adapté à la gestion des projets complexes

La planification classique, unilatérale et fondée sur les prévisions, impose un mode de management autoritaire. Les hommes de l'équipe sont des exécutants, ils attendent qu'une autorité fixe leurs tâches, les objectifs et, le cas échéant, les procédures de travail. Ce mode de management est particulièrement adapté pour des processus connus et parfaitement maîtrisés. Il est à noter que, malgré sa connotation négative, le management autoritaire convient parfaitement à bon nombre d'acteurs. Leurs compétences techniques ne sont pas à remettre en cause, loin de là. Simplement, ils aiment qu'on leur dicte leur travail et conservent leur esprit d'initiative et de création pour des activités personnelles hors de l'entreprise.

Lorsque les objectifs sont parfaitement définis et immuables au long du projet et que le chemin pour y accéder est parfaitement balisé, ce mode de management peut sembler tout à fait adéquat. Un bémol tout de même. Même pour ce cas particulier, l'approche autoritaire n'est pas toujours une garantie de résultats. Nous avons tous croisé au moins une fois un de ces tout petits chefs de projet qui, serviles devant la direction, sont prêts à avaler n'importe quelle couleuvre, et par crainte de dire non, s'engagent sur d'extravagantes promesses. Pour compenser leurs frustrations, ils se comportent ensuite en véritables dictateurs une fois redescendus à leur étage. Les éléments disposant d'un soupçon de personnalité quittent rapidement l'équipe. Dommage ! Si c'était justement ceux-là qui avaient du talent ?

Les modes de gestion actuels n'ont guère évolué. Ils portent encore les stigmates du management de type autoritaire hérité de l'ère industrielle. Que ce soit la dictature de la planification ou la prédominance des règles et procédures, tout est fait pour limiter la prise d'initiative. Dans ces systèmes de management archaïques, il n'est pas recommandé de faire preuve d'initiative. Il est bien plus valorisant de respecter le plan, la procédure ou la méthode que de s'en écarter pour mieux répondre au client.

L'expérience de la soumission aveugle de Stanley Milgram

Stanley Milgram est un célèbre psychologue social qui avait présenté dans les années 1960 l'expérience suivante : par petites annonces, il invitait des volontaires à participer à une expérience rémunérée sur la mémoire. Une fois sélectionné, le volontaire devait, depuis un poste de conduite, piloter une décharge électrique infligée à un second cobaye (en fait un acteur) lorsque ce dernier se trompait en réponse à des questions posées par l'expérimentateur. L'expérimentateur en blouse blanche, très autoritaire, demandait une augmentation de la valeur de la décharge au fur et à mesure des erreurs du sujet d'expérimentation. Plus la tension augmentait (par tranche de 15 volts), plus le second cobaye simulait des douleurs insupportables et plus l'expérimentateur était autoritaire. Cette expérience a été répétée maintes fois dans différents pays. Plus de 65 % des sujets ont été capables d'infliger une décharge de 450 volts, indiquée comme très dangereuse sur le poste de conduite et conduisant à un coma (simulé, bien entendu) du sujet. Aucun n'a interrompu l'expérience avant 300 volts. Stanley Milgram a proposé des variantes pour mettre en évidence la soumission aveugle à l'autorité qui inhibe toute la volonté, la personnalité et la capacité de jugement de celui qui la subit. Le sujet d'expérience au poste de conduite souffre d'un véritable stress mais obéit aux ordres sans rébellion… À méditer !

Qui dit autorité dit chasse aux coupables en cas de problème

Pour MacGregor, l'efficacité de l'autorité est directement dépendante de la menace des sanctions possibles. Le contre-pouvoir des hommes restant le sabotage ou l'inertie.

Dans un système autoritaire, toute défaillance mérite d'être sanctionnée. Tout est prévu par l'autorité. S'il y a un écart, c'est qu'il y a eu faute. Qui est le responsable ? On veut des têtes !

Cette chasse aux responsables bloque toute réflexion de fond sur les causes réelles et les manières d'y remédier, afin qu'elles ne se reproduisent plus. Être responsable peut prêter à confusion, et l'étymologie « répondre de » revient toujours au premier plan. Pourtant, être responsable, ce n'est pas seulement être là pour prendre les coups. Il faut aussi disposer des moyens pour anticiper et prévenir les écarts.

Le management traditionnel ne permet pas une résolution optimale des problèmes

Développer la curiosité et l'esprit de synthèse

Les projets actuellement réalisés par les entreprises introduisent une nouvelle génération de problèmes, dont la solution n'est pas évidente au premier abord. L'acteur de terrain, aux prises avec le susdit problème, ne trouvera la réponse ni dans sa propre formation, ni dans les notices livrées avec le produit et encore moins dans les procédures.

Ces problèmes d'un type nouveau imposent une mise en perspective bien plus globale que la simple approche linéaire habituellement pratiquée. Il ne s'agit plus de se contenter de reproduire des situations et principes connus, mais bien de rechercher des solutions inédites. C'est en dynamisant sa curiosité pour collecter de nouvelles données et son esprit de synthèse pour concevoir des structures originales que l'acteur de terrain sera à même de résoudre ces problèmes d'un nouveau type.

La prééminence du cerveau sur l'ordinateur

Le cerveau humain n'est pas un simple ordinateur situé entre les deux oreilles. C'est bien plus que cela. L'ordinateur le plus puissant ne sait que reproduire ce qu'il a appris. Il ne sait pas analyser les problèmes complexes qui, par principe, sont incomplets. Seuls ceux qui utilisent pleinement leur cerveau et cherchent l'information au-delà des limites communément admises sont à même de résoudre ces nouvelles générations de problèmes. L'ordinateur, tout comme l'employé soumis, en est bien incapable.

Mieux cerner les problèmes

Nous avons tous le droit de ne pas comprendre du premier coup. Cela dit, rencontrer un problème dont la solution n'est pas évidente n'est jamais très valorisant. Consacrer du temps à résoudre des imprévus peut être perçu depuis l'extérieur comme un signe d'incompétence. D'ailleurs, plus d'un chargé de réalisation refusera de faire part de ses difficultés au reste de l'équipe : « Oui, oui, ne vous inquiétez pas, tout va bien », sous-entendu : « Normal, je ne suis pas un nul ! J'ai des diplômes… »

Il faut dès à présent inverser la vapeur et admettre que, malgré la qualité du travail de préparation et quelle que soit la compétence des acteurs, les difficultés seront au rendez-vous. Celui qui soulève le problème ne doit pas devenir un sujet de vindicte. Bien au contraire. *Les problèmes conservés sous le coude finiront par rejaillir au plus mauvais moment et paralyseront le projet.* Cet état d'esprit n'est pas facile à réformer. Il est du rôle du manager de projet d'inciter les membres de l'équipe à soulever sans complexes les problèmes rencontrés. C'est en effet à ce stade qu'il faut adopter un esprit qualité tel que nous le définissions au premier chapitre. Car, si les problèmes se résolvent en regardant différemment les données, il n'existe ni guide ni formation pour pointer du doigt sans coup férir les éléments clés. Seuls le goût et la passion du métier permettront de prendre le recul suffisant pour étudier le problème sous tous les angles et détecter les données significatives qui sont sûrement cachées ou insignifiantes à première vue.

Le management traditionnel n'est pas en phase avec les nouvelles organisations d'équipes projet

Que ce soit pour répondre aux besoins des projets, toujours demandeurs de compétences, ou aux aspirations des nouvelles générations recherchant d'autres formes de satisfaction, l'organisation des équipes est en rupture avec le passé. Pour nous forger une idée plus précise des principes de fonctionnement des équipes actuelles, nous allons nous référer à deux modèles types : le modèle « compagnon » et le modèle « start-up ».

Les équipes tendance « compagnon »

La multiplicité et la diversité des compétences nécessaires pour accomplir les projets d'entreprise sont vraisemblablement une des caractéristiques les plus marquantes. Aucune entreprise ne possède en local l'ensemble des compétences nécessaires. Elles sont tenues de faire appel à des intervenants externes. Chacun d'entre eux intervient selon sa spécialité à un instant donné et pour un aspect précis du projet. Il pourra faire partie de l'équipe tout au long de la réalisation ou, bien au contraire, n'intervenir que sur des phases précises.

Peu concerné par les règles régissant l'entreprise, l'intervenant extérieur mettra cependant un point d'honneur à exécuter sa tâche le plus professionnellement possible. C'est ainsi qu'il sera jugé. Sans chercher à pousser l'analogie hors des limites, on notera quelques similitudes avec le compagnonnage. Avec la forte croissance du nombre d'acteurs ayant choisi d'exercer leur profession en free-lance, cette analogie est d'autant plus vraie.

Les 3 principes du compagnonnage au service de l'autonomie et de la liberté individuelle

Le compagnonnage était une société initiatique formée d'artisans. Les compagnons élevaient à un niveau moral trois principes : la solidarité (l'esprit de corps), la formation et le travail bien fait. Les membres, indépendants des patrons pour lesquels ils travaillaient, géraient leur propre parcours au gré des chantiers. Puissant, disposant de ses propres rites et de son jargon, le compagnonnage a été laminé, notamment au XIXe siècle, afin de lui faire perdre son influence politique. Mais, au travers des siècles, l'esprit du compagnon subsiste encore. Le Tour de France et l'intronisation avec la réalisation d'un chef-d'œuvre existent encore. Les compagnons, maîtres de leur métier, ne se soumettent par principe ni aux organisations, ni aux hiérarchies patronales et encore moins à la parcellisation du travail. Ils prônent l'autonomie et la liberté individuelle.

Le goût de l'excellence dans le travail, valeur fondamentale des compagnons, est aussi une des aspirations essentielles des acteurs ayant choisi une vocation de spécialiste. Et si le compagnon aime à signer ses œuvres, véritable auto-reconnaissance de ses qualités propres, il est assez difficile de retrouver « le coup de patte » d'un spécialiste dans un projet d'organisation ou de mise en œuvre technologique. C'est plutôt dans leur quête d'un parcours sans faute et en collectant des références prestigieuses que les spécialistes assoient leurs renommées. Comme les compagnons, ils interviennent au gré des projets, choisissent eux-mêmes leurs formations, sélectionnent, lorsque le marché s'y prête, leurs domaines d'intervention et cumulent les expériences.

Les équipes tendance « start-up »

L'engouement pour les start-up a été symptomatique de la soif des générations d'aujourd'hui à exercer leur activité autrement. Cette expérience laissera une empreinte indélébile. Elle a en effet contribué à démontrer, preuve à l'appui, qu'il n'existait pas un chemin unique de déroulement de carrière. Durant son heure de gloire, ce phénomène éphémère a transmis un message significatif: les hommes et les femmes d'aujourd'hui sont prêts à s'engager et à prendre des risques si le jeu en vaut la peine. L'ambition du gain, même si c'est un point important, n'est pas la seule motivation. Le plaisir de faire partie d'une aventure et d'avoir un rôle à jouer, bref de participer à quelque chose d'un peu plus excitant que l'habituel quotidien, y est aussi certainement pour beaucoup[1].

Qu'est-ce qu'une équipe start-up? C'est une équipe fédérée autour d'un projet, prônant l'innovation permanente et adoptant un mode d'organisation ultra-réactif, avec une libre circulation de l'information et un aplatissement quasi total de la hiérarchie. Les plans sont rapidement remis en question pour trouver, à tout moment, le meilleur chemin d'accès au résultat. Ce modèle correspond assez bien aux acteurs dynamiques et aux jeunes d'aujourd'hui. Plus attirés par les côtés «fun» de l'équipe que les traditionnelles optiques carriéristes, ils sont particulièrement pressés d'arriver à la réussite. Le fait d'appartenir à une «tribu» éphémère où l'on partage le même système de valeur n'est pas une annihilation de l'individualité, bien au contraire. Chaque membre est autonome.

C'est au manager de s'adapter

Selon les projets, les acteurs, les techniques à mettre en œuvre et l'entreprise client, le fonctionnement de l'équipe se rapprochera plus ou moins de l'un ou l'autre de ces deux modèles.

Ces nouveaux principes de fonctionnement des équipes, façon *task force*, ne sont pas sans effet sur les modes de conduite de projet. Ainsi, notamment avec le premier modèle, le chef de projet devra composer avec des acteurs sur qui il ne dispose ni d'une autorité officielle – ils ne font pas partie de l'entreprise – ni d'une autorité de compétences techniques – ils ont été appelés justement pour leurs expertises! Dans un tel contexte, les outils de prédilection du management classique seront inefficaces[2].

1. On retrouve une dynamique équivalente lors de la création d'une entreprise plus classique. Mais la création d'entreprise reste encore une situation exceptionnelle.
2. Il y a une bonne quinzaine d'années, un gestionnaire de projet devait maîtriser à la perfection l'ensemble des techniques mises en œuvre. C'était une autorité de compétences. Il lui fallait alors coordonner les rôles en effectuant un contrôle actif et investigateur des tâches en cours de réalisation.

Le gain n'est pas la seule motivation

« J'EN SUIS ! »

Le logiciel libre (Linux, PHP, MYSQL...) rencontre un succès considérable. Cette réussite est caractéristique par son principe original de diffusion et par la qualité intrinsèque de ses produits. Le logiciel libre est aussi remarquable par son mode de développement. Comme disait Linus Torvalds, l'inventeur de Linux : *« Comment expliquer la réussite du développement de Linux ? Très simple : pas de méthode ! »* Au-delà de la boutade, légèrement provocatrice mais véridique au demeurant, il est aussi vrai qu'aucune structure de type classique, entreprise ou association, n'encadre les développeurs. Seule une même passion pour le travail bien fait motive... la satisfaction ultime se résumant à ces quelques mots : « J'en suis ! »

La promesse de la satisfaction de la hiérarchie, voire de nouveaux galons, le plus souvent symboliques, n'est pas suffisante pour dynamiser les hommes de l'équipe. La reconnaissance du travail bien fait, l'accumulation d'expériences valorisées et le plaisir de réussir sont des incitations bien plus efficaces. Les challenges courts et bien identifiés permettent de maintenir le dynamisme tout au long du projet[1].

Un passage au sein d'une équipe projet est toujours riche d'enseignement

Le passage au sein d'un projet peut aussi devenir une expérience enrichissante garantissant l'employabilité. Il sera d'ailleurs du rôle du chef de projet de mettre en évidence les enseignements positifs à extraire de l'expérience en cours. Ce sera d'autant plus nécessaire lorsque l'un des membres de l'équipe devient sensible au vague à l'âme chronique, un mal récurrent des projets difficiles qui traînent en longueur. Il faut non seulement réactiver la motivation, mais surtout éviter la contagion et parer au plus vite à l'épidémie de déprime. Croyez-moi, tous les projets, quels que soient leur déroulement et leur issue, contiennent en leur sein un enseignement digne d'enrichir sa propre pratique et d'accroître ainsi sa capacité de rebond. Pour identifier la richesse cachée, il suffit de prendre le recul nécessaire afin d'apaiser ses ressentiments. Ils sont

1. Redistribuer une part du ROI effectif peut être, sous certaines conditions, un argument de choix pour maintenir l'émulation.

inévitables lorsque l'on réagit sur le vif. Une fois que la raison reprend ses droits et remplace l'émotion, la substantifique moelle de l'enseignement apparaît à celui qui sait la chercher. Le chef de projet chevronné et reconnu par ses pairs pourra aussi renforcer la motivation en partageant ses propres réseaux professionnels avec les membres de l'équipe.

Et l'humour, dans tout ça ?

Les projets se déroulent toujours mieux lorsque statistiquement le baromètre d'ambiance oscille plutôt du côté de la bonne humeur que du moral en berne généralisé. Quelques franches rigolades, notamment en fin de journée, sont toujours les bienvenues. Non seulement elles permettent de relâcher les zygomatiques et d'évacuer une part du stress, mais elles donnent aussi une bonne raison de revenir le lendemain. L'humour est plus que conseillé, c'est le ciment d'une équipe dynamique.

Témoignage de Clara

Le nouveau est un tire-au-flanc… qui sait aussi tirer les bonnes ficelles

Clara, chef de projet au sein d'un groupe agroalimentaire.

Lorsque j'étais jeune technicienne, je travaillais essentiellement en mode projet. Après quelques expériences, j'avais bien compris que l'unité et la force de l'équipe dépendaient justement de la complémentarité des caractères. Entre celui qui travaille dans son coin, celui qui a toujours une bonne idée, celui qui relaxe l'atmosphère par ses bons mots, tout le monde trouve sa place, quelle que soit l'équipe. Ainsi, moi-même, j'ai fini par me connaître. Je savais pertinemment quel rôle finirait par m'échoir compte tenu de mon caractère particulièrement extraverti. Une expérience m'a pourtant marquée. Au cours d'un projet difficile, on nous avait imposé un supposé expert de haut vol. Avec lui, il n'y aura pas de problème, nous avait-on prévenus. Il sera là pour résoudre les difficultés les plus coriaces. Il vient tout de même de chez Machin! En fait d'expert, sa connaissance n'était quasiment que théorique et, par-dessus tout, il détestait mettre la main à la pâte. De toute façon, quels que soient les problèmes rencontrés dans la journée, il disparaissait dès 17 heures pour aller chercher les enfants à l'école, sa femme étant bien trop absorbée par ses diverses activités extraprofessionnelles pour le relayer de temps à autre. Il savait aussi [illegible] les petits papiers de la direction. Un véritable artiste dans [illegible] était tellement apprécié en haut lieu qu'une fois le projet [illegible]ui, et uniquement lui, qui fut félicité et promu ! Je ne pense pas qu'il soit nécessaire de vous conter la rancœur au sein de l'équipe ! Maintenant que je suis manager de projet, je prends bien soin, avant tout démarrage, de préciser les gains potentiels pour chacun. Ce n'est pas nécessairement des gains financiers. C'est aussi le plaisir de participer à un projet enrichissant, de partager une aventure avec des profils différents, de capitaliser de la connaissance, de l'expérience, de retrouver des copains. Bref, le fun *compte aussi. Mais, une fois le projet achevé, je ferai tout mon possible pour éviter toute forme de frustration. Ils en ont la garantie.*

5e pratique de bon sens

Favoriser la coopération interne et externe

Le travail en équipe n'est pas inné. Mal construite et mal gérée, une équipe peut se comporter véritablement comme destructrice de valeur. Le manager exploitera ses talents de mobilisateur et de négociateur pour inciter les membres de l'équipe à profiter du travail en commun, sans pour autant se couper des autres acteurs du projet.

Étudions maintenant les quatre principaux temps forts du management d'équipe efficace :

- construire l'équipe ;
- respecter les individualités et dynamiser l'autonomie ;
- donner du sens à l'action et partager le même référentiel de valeur ;
- maîtriser les interfaces.

‸nstruire l'équipe

De la performance individuelle à la performance collective

Quelle que soit l'origine des acteurs du projet, il faudra construire l'équipe. Une équipe ne naît pas *ex nihilo*. Il n'y a rien de moins naturel que de travailler ensemble et de poursuivre un but commun. Sans un travail de fond préalable pour bâtir l'équipe, chaque participant au projet privilégiera exclusivement sa quête de satisfaction personnelle. Et ce ne sont pas les discours ringards de dévouement qui changeront quoi que ce soit. En fait, lorsqu'un groupe n'est pas en phase de production, il se comporte comme un véritable destructeur de performance. Pourquoi autant d'acteurs de l'entreprise préfèrent-ils très nettement travailler seuls et n'hésitent pas à s'isoler dès qu'il s'agit de produire sérieusement ? Tout simplement parce qu'ils savent d'expérience que leur rendement est bien meilleur dans ces conditions[1] ! Il suffit de mesurer la productivité d'un groupe de travail non formé puis de prendre le temps de discuter avec chaque individu en particulier pour mesurer l'abîme où disparaissent les performances potentielles individuelles mal utilisées.

Pour trouver le juste milieu entre compétition et coopération, valorisez l'idée que deux est supérieur à un !

La réussite individuelle élevée au rang de culte est une des plaies de la société moderne. L'arrivisme le plus sauvage semble trouver ses lettres de noblesse, et il n'est plus immoral aujourd'hui de promouvoir l'idée que tous les coups sont permis. Mais la culture exacerbée de l'individualisme est totalement néfaste à l'efficacité des équipes. Le manager devra élever la coopération au rang de règle fondamentale en démontrant les principes de l'arithmétique de base. Il est à noter que, si l'entreprise d'appartenance pratique un principe exclusif de valorisation des performances individuelles, la tâche du manager ne sera pas facilitée. De leur côté, les membres de l'équipe ont peut-être une course personnelle à jouer et tout à gagner en se démarquant de l'équipe. Le manager devra veiller à maintenir la concordance entre leurs ambitions personnelles et la coopération pour assurer un bon déroulement du projet.

1. Les espaces à cloisons mobiles, ou « open spaces », créés à l'origine pour dynamiser les échanges et l'esprit d'équipe, sont rapidement devenus des lieux où toute l'imagination est mobilisée dans la recherche de solutions pour s'isoler le mieux possible…

« Team management »

Une équipe projet (*team*) n'est, à l'origine, qu'un regroupement hétérogène d'individus, réunis pour la durée du projet. Chaque membre est unique. Chacun dispose de sa propre expérience, sa propre compétence, son propre talent, sa propre ambition. Cependant, ils partagent tous une même volonté : achever le projet avec succès. Cette volonté commune est en fait l'étincelle de démarrage de l'indispensable synergie. Le chef de projet la mettra à profit dès les premiers jours afin que le groupe puisse devenir une équipe.

Comment passer du groupe à l'équipe projet efficace en 3 temps

1. Limitez les ressentiments et coupez court aux conflits.

- Définissez en commun les règles de fonctionnement de l'équipe ;
- précisez des objectifs clairement définis ;
- développez une vision commune (la plus proche possible de celle du client !) ;
- définissez les rôles et responsabilités ;
- adoptez une politique de transparence totale sur les délais, les enjeux et les risques ;
- incitez à l'expression de chacun ;
- prenez le temps d'intégrer les nouveaux arrivés en cours de projet ;
- invitez à l'approche marketing, rendez palpable le gain personnel.

Il n'est pas toujours possible d'éviter les conflits. Il faut cependant s'assurer qu'ils ne puisent pas dans l'énergie disponible pour le projet.

Pour prévenir l'éclatement des équipes, gérez les conflits et tuez dans l'œuf les rivalités

Les problèmes de comportement et de relation peuvent rapidement saborder un projet. L'équipe projet, *a fortiori* lors des deux premières phases de formation, n'échappera pas aux accrochages entre individus. Pourquoi autant de frictions ? Tout simplement parce qu'il n'y a rien de plus étranger à la culture occidentale que le travail en équipe. La défense des territoires sera toujours une source de conflits. Cela dit, ils ne sont pas toujours à éviter. Il existe des conflits bénéfiques qui permettent notamment de faire émerger le fond des problèmes. Bien géré, lorsque tout le monde met à plat son point de vue sans se préoccuper du jugement des autres, un conflit peut même être un générateur d'idées. La négociation sera l'outil qui assurera le confinement du conflit dans les limites de l'acceptable, sans déboucher sur la crise profonde. Une négociation bien conduite permet en général de confronter les points de vue et d'aboutir dans le meilleur des cas à un terrain d'entente satisfaisant les parties. Il faut cependant respecter un minimum de règles. Il existe en effet des invariants comme la satisfaction du client et le système de valeur de référence. La satisfaction de l'une ou l'autre des parties ne pourra être obtenue aux dépens de ces invariants.

2. Dynamisez la créativité individuelle et collective.

- Instaurez un esprit de partage et d'échange des idées (les réunions actives) ;
- assurez une ambiance de travail de qualité (les rituels comme les repas en commun de fin de semaine, les pots de passage de jalons, de fin de phase…) ;
- incitez à l'échange libéré, à la communication sans retenue, utilisez les outils de créativité en groupe ;
- invitez à la prise d'initiative.

Comme l'écrit Ken Blanchard, la clé du succès du leader d'aujourd'hui est plutôt la capacité d'influence et non l'autorité.

3. Soignez les décisions.

- Prenez des décisions fermes et réfléchies (rien de plus pollueur que les hésitations ou les décisions contradictoires) ;
- développez la participation, attention aux compromis, aux décisions acceptées à contrecœur…
- visez le consensus ; un problème bien exposé, des alternatives correctement évaluées ;
- instaurez un climat de confiance mutuelle.

Lors de la prise de décision en univers complexe, on ne cherche pas la bonne solution, on se contente simplement de la moins mauvaise parmi les solutions possibles.

Les 4 stades de formation de l'équipe

1. Observation

Description : chaque acteur attend les instructions, des précisions sur la mission et les définitions des rôles et des objectifs.

Rôle du manager : à ce stade, le manager est un éclaireur. Il prend un soin tout particulier à bien préciser chacun de ces points. Son action incite chacun des acteurs à communiquer et à faire part de ses réticences. Il faut lever les incompréhensions et crever les abcès au plus vite.

Attention aux acteurs trop sûrs d'eux et aux prises de pouvoir intempestives conduisant au conflit avec le leader ! Ce cas se produit lorsque l'équipe n'en est qu'aux premiers stades de son développement. La tête à dégommer est justement celle du chef de projet. C'est là que se gagnent les galons de leader.

2. Construction

Description : les hommes commencent à prendre de l'assurance, discutent les rôles et objectifs et défendent leurs portions de territoire. L'objectif est jugé à l'aune du gain personnel. Chacun essaie de tirer au mieux son épingle du jeu.

Rôle du manager : le manager vend et défend les objectifs et les responsabilités de chacun. Il arrondit les angles pour garantir les territoires réciproques. Il doit réussir à trouver un accord entre les intérêts individuels et ceux du projet. Tâche difficile mais hautement stratégique ! Elle est la garante de la cohésion du groupe.

Lorsque des acteurs extérieurs à l'entreprise interviennent au sein du projet, le manager attachera une attention particulière à leur intégration en facilitant un sentiment d'appartenance par un partage des valeurs communes. Pour des acteurs experts, intervenant à la prestation épisodiquement, il faut aussi prendre soin de préparer au sein de l'équipe leurs interventions afin qu'elles se déroulent dans les meilleures conditions.

3. Production

Description : le groupe est en formation et commence à produire. Les échanges portent essentiellement sur des éléments de travail.

Rôle du manager : le manager est un animateur prévenant. Il faut en effet assister le groupe pour atteindre le stade ultime.

Les premiers succès collectifs, suffisamment significatifs pour être affichés, contribuent grandement à faciliter la cohésion du groupe.

Pour accélérer cette phase, s'il en a la possibilité, le manager n'hésitera pas à rechercher des résultats plus faciles en priorité et gardera de côté les points connus pour être délicats. Il les proposera au groupe lorsque ce dernier sera en phase de pleine efficacité.

4. Efficacité

Description : le groupe est enfin à ce stade où la performance globale est supérieure à la somme des performances individuelles. Le groupe a trouvé son rythme et la compétition interne est très limitée.

Rôle du manager : le manager est un facilitateur. Il surveille l'émergence des problèmes, protège et soulage l'équipe des menaces extérieures, prévient les retours en arrière et instaure un mode de management démocratique.

Le management démocratique d'une équipe en 5 points

1. Une finalité et des enjeux bien clairs et bien compris : chacun des membres de l'équipe est parfaitement conscient de la portée du projet, de ses impacts et des risques potentiels, en tout cas pour les plus évidents.

2. Une règle du jeu élaborée en commun, acceptée et connue de tous : chacun a le droit de s'exprimer, de suggérer et de critiquer, mais à condition de soigneusement argumenter et d'accepter la contradiction.

3. Des objectifs concrets sélectionnés en réunion : les membres de l'équipe fixent eux-mêmes les objectifs de performance et d'amélioration continue.

4. Des indicateurs visibles à tout instant : les indicateurs sont la référence de la performance de l'équipe afin que chacun puisse prendre ses responsabilités.

5. Des délibérations collectives pour une décision collégiale et efficace : les réunions ne sont utiles que lorsqu'elles conduisent à une prise de décision conforme aux attentes de chacun de ses participants.

Respecter les individualités

Respecter les individualités et dynamiser l'autonomie, c'est aussi remplacer l'idée de « collaboration » – on gagne tous ensemble sans discernement – par celle de « coopération » – chaque individu gagne tant qu'il participe au groupe.

La valeur personnelle a droit de cité

Être membre d'une équipe ne signifie pas pour autant abandonner ses aspirations personnelles. Une équipe n'est pas comparable à une fourmilière où les individus n'existent pas indépendamment du groupe. Nous ne sommes pas faits pour marcher en troupeau comme des moutons. Ce n'est pas cela que l'on attend d'une équipe. L'objectif du travail en équipe est justement de profiter de la synergie de talents pour délivrer une efficacité supérieure à la somme des individualités. La valeur individuelle a encore le droit d'être reconnue.

Cependant, pour ne pas nuire à l'esprit d'équipe, le manager devra trouver le juste milieu dans la reconnaissance des valeurs personnelles et collectives. Un des moyens les plus sûrs sera d'élever au plus haut niveau de la reconnaissance les capacités contributives et la volonté de partage des informations essentielles. Ces qualités, encore trop rares dans notre monde où l'individualisme est plus que jamais encensé, sont une des clés de l'efficacité des équipes. L'objectif du travail en équipe est justement de profiter de la synergie de talents pour délivrer une efficacité supérieure à la somme des individualités.

Cultiver la différence

La force d'un groupe n'est pas dans la standardisation des profils, mais bien dans la mise en avant des particularismes et des ressources individuelles. Si les ressemblances rapprochent, les différences enrichissent… à condition d'avoir une ouverture d'esprit suffisante pour accepter les avis émis par des profils différents ! C'est là où le manager devra intervenir pour créer un climat d'ouverture et inciter les membres à considérer tous les points de vue : une tâche particulièrement ardue, les groupes ayant plutôt tendance à rechercher la standardisation des avis et le consensus.

Une équipe n'est pas composée de robots standardisés mais bien d'individualités. Pour Meredith Belbin, expert en *team building* et inventeur de la méthode éponyme : « *La performance d'une équipe dépend de l'équilibre des rôles tenus par chacun de ses membres* ». Il a ainsi identifié 9 rôles. Les rôles sont, bien sûr, étroitement liés à la personnalité de chaque membre du groupe.

Concepteur	Priseur	Expert
+ Créatif, imaginatif – Communique peu	+ Modéré, stratégique – Trop rationnel	+ Déterminé, autonome – Compétences étroites
Organisateur	**Propulseur**	**« Perfectionneur »**
+ Discipliné, fiable – Peu flexible	+ Dynamique et fonceur – Parfois blessant	+ Consciencieux – Difficultés à déléguer
Coordinateur	**Promoteur**	**Soutien**
+ Mature, confiant – Un peu manipulateur	+ Extraverti, enthousiaste – Trop optimiste	+ Sociable, coopératif – Indécis

Figure 13 : Les 9 rôles en équipe selon Meredith Belbin[1]

Dans un climat de communication ouverte, le ton peut rapidement monter. Ce n'est pas négatif en soi. Le tout est d'éviter les polémiques stériles sans fin renforçant les ressentiments. Rappelons que, si les profils standardisés sont là pour assurer la continuité de service, ce sont les hors-normes qui sauront innover lorsqu'il le faudra…

Dynamiser l'autonomie

L'autonomie à la source de résolution des problèmes

L'autonomie est un changement fondamental des échanges entre la hiérarchie et l'équipe de réalisation. Dans un système classique où les ordres « descendent », les exécutants se réfèrent aux procédures puis font « remonter » des comptes rendus. Lorsqu'ils rencontrent des problèmes dépassant leurs capacités de résolution, telles qu'elles sont définies par les procédures, ils les font remonter le long de la ligne hiérarchique. Dans un système fondé sur l'autonomie et la responsabilisation, lorsque les problèmes ne peuvent être résolus sur place, les hommes ne se contentent pas de repasser le bébé sans autre forme de procès. Ils sont aussi tenus de proposer des solutions susceptibles de contribuer à leur résolution. *Dans l'absolu, seules les demandes de besoins (matériel, compétences…) devraient transiter dans ce sens.*

1. Meredith Belbin, *Les rôles en équipe*, Éditions d'Organisation, 2006.

Les inconvénients d'une autonomie mal gérée

L'autonomie est une difficulté de taille pour les acteurs de terrain : en cas de problème, ils sont seuls et ne peuvent se reposer sur la hiérarchie. Ce n'est pas plus facile pour le cadre promu chef de projet car les problèmes se résolvent sans lui. Si son rôle est mal défini, il peut devenir source de questionnement autant pour lui que pour ses subordonnés.

Les réunions sont une mine d'informations

Au cours d'une réunion il ne faut jamais perdre l'occasion de confronter les points de vue et de mettre à la lumière les difficultés rencontrées. La réunion est le moment clé pour exposer et résoudre les problèmes. Le tout c'est de la conduire dans les règles de l'art :

- un ordre du jour précis, consensuel et publié à l'avance ;
- une plage horaire clairement définie et un déroulement minuté ;
- des participants correctement ciblés.

Soit : un plan d'action, un ou plusieurs responsables nominativement désignés, un calendrier et un compte rendu consensuel. Une réunion réussie est active avec une large participation, des prises de parole multiples et des points de vue exprimés clairement. Pour éviter les dérives, gardez en ligne de mire l'ordre du jour et le planning établi. C'est le juge de paix.

> La réunion est aussi un bon poste d'observation pour identifier les décisions mal acceptées, tout comme les inévitables inimitiés, voire les conflits latents et potentiels. Pour cela, juste avant d'intervenir pour freiner les passions, il est bon de profiter des instants débridés, lorsque les sentiments prennent le dessus sur la réalité des problèmes. Des instants toujours riches d'enseignements.

Donner un sens à l'action

Le projet est un parcours semé d'embûches. Sa réussite est totalement dépendante de la quantité d'énergie délivrée par l'ensemble des membres. Mais, pour surmonter les obstacles et être prêt à fournir le coup de collier opportun, encore faut-il disposer d'une orientation, d'un sens matérialisant la direction à prendre. Donner un sens à l'action[1] est un des rôles essentiels du manager de projet. Cette capacité est directement dépendante de son propre enthousiasme. La motivation n'est pas affaire de recettes. Seul un passionné sait faire partager sa passion. Autrement, sans passion, quel pourrait bien être l'intérêt de se défoncer au travail ?

> Le défi est peut-être une bonne idée, mais encore faut-il que les hommes aient envie de le relever.

C'est en période de crise que l'on évaluera la capacité du manager à donner un sens à l'effort. Lorsque les déconvenues ont tendance à se répéter et que plus rien ne se passe comme prévu, la démobilisation fait son œuvre dans les rangs. Pour ne pas atteindre le paroxysme, stade ultime de la déprime chronique et véritable calamité des projets, il est bon de redonner le sens de l'action et de rechercher sans relâche les petites victoires. Les succès réels et concrets, lorsqu'ils sont supposés accessibles, sont toujours mobilisateurs. Lors de l'épopée start-up, les héros emblématiques comme Jeff Bezos (fondateur d'Amazon) ou Jerry Yang (cofondateur de Yahoo!) ont suscité nombre de vocations et dynamisé plus d'un acteur démotivé.

Partager le même référentiel de valeur

Comment être sûr de conserver le bon cap lorsqu'en cours de réalisation tout le monde est pris dans le feu de l'action ? Le plan bien entendu servira de référence pour évaluer l'avancement en termes de durée et de budget. Les courbes en S, que nous étudierons au prochain chapitre, sont un outil essentiel pour assurer ce suivi. Mais la mesure de l'avancement ne garantit pas la concordance entre le système en cours de réalisation et les attentes des clients. Il faut pour cela se reporter au référentiel de valeur que l'on a bâti à l'origine du projet.

1. Des visionnaires du management comme Peter Drucker ou, plus proche de nous, Hervé Sérieyx, ont traité ces points à maintes reprises. Pour de plus amples développements, ne pas hésiter à se référer à leur bibliographie respective.

Il est primordial que tous les membres de l'équipe, sans exception, aient accès à cet outil de référence. Ils ont ainsi toutes les cartes en main pour prévenir les dérives. Par exemple, lorsque la réalisation d'une fonction est bien plus consommatrice de temps ou de ressources que prévu, il leur suffit de consulter ce référentiel pour en apprécier l'importance selon le regard des parties prenantes.

En pleine connaissance de cause, ils pourront alors tirer la sonnette d'alarme en temps voulu et provoquer ainsi une nouvelle répartition opportune des priorités.

Disposer d'une échelle de valeur commune, véritable définition du « sens » du projet, est la base d'une autonomie pleinement assumée. Cette notion est extrêmement importante lorsqu'il n'est pas possible de proposer des objectifs précis à courte échéance, lorsqu'il n'existe pas de règles pour apprécier les résultats intermédiaires, lorsque la maîtrise de l'incertitude est totalement dépendante des acteurs autonomes.

Maîtriser les interfaces

Combattre l'herméticité des experts

Le cloisonnement plus ou moins hermétique, isolant les différentes fonctions de l'entreprise, est un handicap majeur à la fluidité de la circulation de l'information. C'est pourtant une brique essentielle du développement de la réactivité, et les entreprises s'efforcent aujourd'hui d'abattre les frontières pour développer l'idée de processus continu.

Cette problématique du cloisonnement et de la difficulté du partage de l'information essentielle est tout aussi présente lors de la réalisation des projets complexes.

Chaque spécialiste intervient dans son domaine sans se préoccuper des domaines connexes. Les zones de recouvrement sont relativement ténues. La principale difficulté du manager est justement d'ajuster au mieux ces zones de recouvrement, afin d'en assurer la continuité et d'éliminer les frontières entre les domaines.

EXEMPLE

La mise en œuvre d'un PGI (progiciel de gestion intégré, ERP) demande l'intervention de plusieurs spécialistes. Il est très exceptionnel de rencontrer des spécialistes polyvalents.

Le consultant expert en finances connaît peut-être la question de la production. Mais les chances qu'il soit aussi spécialiste en optimisation des bases de données sont plutôt infimes. Pourtant, il n'existe pas de rupture entre les différents domaines. La performance des domaines fonctionnels est directement dépendante de la structure technologique sous-jacente.

Rapprocher concepteurs et utilisateurs

Il n'existe qu'une seule manière de bien comprendre les besoins d'un métier : l'exercer. La solution la plus efficace pour concevoir des systèmes réellement utilisés serait de laisser les concepteurs prendre la place des utilisateurs durant un laps de temps suffisant pour en apprécier les spécificités. Malheureusement, une kyrielle d'obstacles pratiques plus ou moins fondés contrecarrent généralement cette immersion particulièrement efficace. Il est cependant essentiel de rapprocher l'ensemble des concepteurs des utilisateurs dès les premières ébauches du projet et de maintenir un lien de communication actif durant toute la durée de la réalisation. Tout ne peut être formalisé par écrit lors de l'étude préalable.

Nombre de détails ne sont perceptibles qu'en situation. Seul un dialogue permanent permet de rapprocher un tant soit peu les concepteurs des besoins véritables des utilisateurs. La formation continue des utilisateurs dès les premières phases est aussi un moyen très fort d'établir un contact durable. Il ne faut pas la négliger.

Il est d'ailleurs hautement recommandé de choisir des membres actifs de l'équipe de développement pour animer ces formations. Non seulement cela leur autorise une coupure salutaire, mais ils en profiteront aussi pour récolter des informations de valeur.

Trois recommandations pour dynamiser la coopération des équipes

Pour que l'orientation client ne soit pas que de bonnes paroles, assurez une communication permanente

Passer à l'orientation client n'est pas un processus naturel. C'est même une véritable révolution en soi. Il est nécessaire de modifier le traditionnel référentiel technique et métier en un référentiel subjectif et humain. Ce n'est plus : « Je suis performant car j'applique les règles de l'art », mais « Je suis performant car le client est satisfait. » Attardons-nous sur ce dernier point pour bien en saisir la portée. Les ingénieurs, malgré l'évolution des contenus, reçoivent une formation où les techniques prédominent largement. Le subjectif ne fait pas partie de leurs systèmes de référence. L'école a d'ailleurs déployé des tonnes d'efforts pour leur apprendre à ne se référer qu'à des repères logiques et purement formalisés. Il est donc important de stimuler les échanges avec les utilisateurs tout au long du projet et de délivrer régulièrement des modules intermédiaires pour dynamiser le dialogue.

Pour éviter l'accumulation de problèmes, ne les fuyez pas et allez les chercher là où ils se trouvent

Un point de détail non résolu peut devenir le déclencheur du syndrome de « l'emmerdement maximal »... Parmi la kyrielle des causes d'échec inventoriées par les spécialistes de la question, l'entassement des petits problèmes non résolus n'est pas l'une des moindres. Ils finissent par paralyser le projet. Il est donc important de les soulever et de les traiter lorsque c'est possible, ou en tout cas de les identifier et de leur affecter un statut reconnu. Le fait d'exposer ouvertement ses problèmes pour les résoudre plus rapidement est une question de culture d'équipe. Il existe des équipes où l'on parle en toute liberté et d'autres où l'on préfère garder ses problèmes pour soi, et attendre les réunions lorsqu'il n'y a plus d'autres choix possibles pour les exposer. Cette culture de la franchise et de la confiance dépend directement du mode de management. Le manager n'hésitera pas à inciter les membres de l'équipe à dépasser leurs inhibitions bien naturelles pour faire part de leurs hésitations, questionnements et problèmes, sans pour cela attendre les réunions formelles et officialisés.

Pour éviter le renfermement sur elle-même de l'équipe en phase d'efficacité, établissez des ponts relationnels avec les autres acteurs de l'entreprise

Plus une équipe est soudée, plus il lui est difficile de s'ouvrir sur l'extérieur. Lorsque l'équipe est en phase d'efficacité, elle atteint un niveau de cohésion qui, par effet pervers, la referme sur elle-même. Il devient alors difficile d'intégrer de nouveaux membres. À chaque nouvelle arrivée, le manager doit s'attendre à une baisse d'efficacité significative. Il faut alors reprendre le processus de formation de l'équipe à la base et prendre soin de redéfinir les territoires et objectifs respectifs, afin que les nouveaux venus trouvent une place qui leur sied. De même, à ce stade ultime de la performance, les équipes en pleine cohésion ont quelque difficulté à s'ouvrir sur l'extérieur. Les membres préfèrent rester entre eux car ils partagent un système de jugement commun. Il faut alors inciter les membres à échanger avec les autres utilisateurs. Il est important d'établir des ponts relation liens chauds entre les différentes communautés d'acteur

À RETENIR

La réussite du projet est directement dépendante de la qualité de l'équipe de réalisation, autant en termes de compétences que de cohésion et de coopération. Une équipe projet rapproche des intervenants, chacun étant spécialiste d'un aspect précis du projet.

Le chef de projet a pour tâche essentielle de mettre en œuvre tous les moyens à sa disposition afin que chacun puisse montrer le meilleur de lui-même au sens des enjeux du projet. Dans le meilleur des cas, il arrivera même à tricher avec l'arithmétique en démontrant que 2 + 2 > 4.

http://tb2.eu/c4

1. Le renfermement sur soi et l'exclusion des acteurs externes au groupe sont une des critiques le plus souvent adressées à la théorie Y de MacGregor et, dans une moindre mesure, à la théorie Z de Ouchi (deux théories mettant en avant les avantages d'un management privilégiant l'humain).

Efficacité du manager

Outils de la psychosociologie appliquée à la gestion des projets complexes

La communication maîtrisée

Aucune technologie ne remplacera jamais une communication de vive voix lorsque les interlocuteurs sont physiquement en présence. Dès l'origine de la théorisation de la dynamique de groupe, Harold J. Leavitt (1922-2007) avait modélisé schématiquement les principes de la communication. Une expérience fort simple avait permis de mettre en évidence l'importance de la présence physique des interlocuteurs ainsi que le rôle essentiel du canal feed-back. Pour mieux comprendre ces avancées, étudions rapidement les grandes lignes et les conclusions de cette expérience fondatrice de la théorie de la communication.

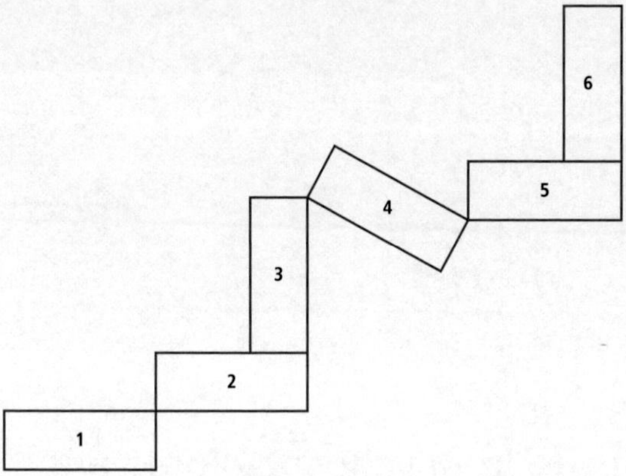

Figure 14 : Expérience de Leavitt

Expérience de Harold J. Leavitt

On remet à un membre d'un groupe, l'émetteur pour l'expérience, un schéma fort simple composé de six rectangles se touchant deux à deux par un seul côté ou angle. L'émetteur devra décrire la figure aux autres membres du groupe, les récepteurs, qui eux ne la voient pas. Ils essaieront de la reproduire du mieux possible selon les informations reçues et comprises. Pour réaliser cette expérience, Leavitt proposait quatre types de scénario :

- scénario 1 – L'émetteur est caché et ne voit pas le groupe des récepteurs. Les récepteurs restent silencieux et ne posent aucune question ;
- scénario 2 – L'émetteur est visible et voit le groupe. Ni l'émetteur ni les récepteurs ne peuvent poser de questions ;
- scénario 3 – L'émetteur est visible et voit le groupe. Il peut poser des questions mais les récepteurs ne peuvent répondre que par oui ou par non ;
- scénario 4 – L'émetteur est visible et voit le groupe. Il peut poser des questions et répondre aux questions des membres du groupe.

Au terme de cette série d'expérimentation, Leavitt relevait trois types de résultat : la durée de l'expérimentation, le degré de confiance que chaque récepteur accorde à son travail et la valeur du résultat. Comme on s'en doute, le premier scénario est le plus rapide de la série, mais pour un piètre résultat. Les récepteurs chargés de reproduire le message n'ont guère confiance en leur travail. Le quatrième scénario est, de très loin, le plus efficace de la série en termes de résultats et de confiance en soi. Il est la démonstration de l'importance cruciale du canal feed-back, c'est-à-dire, en l'occurrence, un échange libre et soutenu afin de s'assurer de la complétude de la compréhension[1].

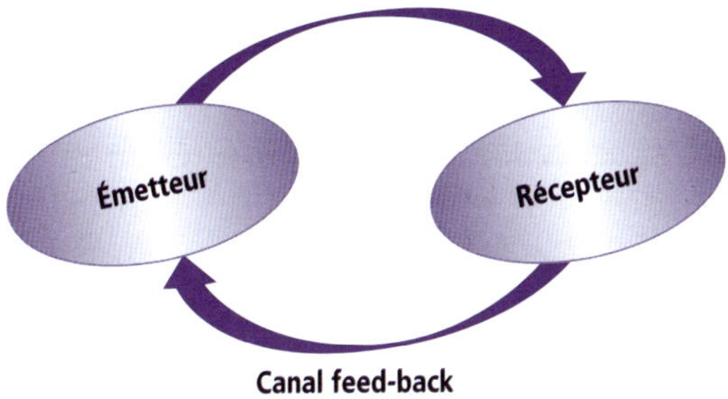

Figure 15 : Le canal feed-back

De l'importance des réunions de travail en « présentiel »

Les réunions de travail régulières, soigneusement préparées et correctement conduites, se dérouleront impérativement en présence physique de tous les participants. Le sens de l'information va bien au-delà des simples mots. Être en présence de son interlocuteur permet de mieux saisir les inflexions de la voix, d'observer les expressions du visage, les gestes de la main ou les mouvements du corps. Nul besoin d'être un spécialiste de la psychologie comportementale. Nous sommes, par nature, des animaux sociaux et savons intuitivement décoder ces signaux. De même, l'expression orale est bien plus riche que l'expression écrite. La spontanéité de la parole au cours d'une discussion est plus naturelle, donc plus expressive qu'un écrit où l'on s'attachera immanquablement à la forme, quitte à en délaisser un peu le fond.

Par ailleurs, l'évolution de l'ambiance régnante au sein des réunions, à mesure de l'avancement du projet, est assez révélatrice du moral global de l'équipe.

1. Nous reviendrons sur le rôle fondamental du canal feed-back à propos des techniques de communication appliquées à l'accompagnement du changement, à l'axe 4.

L'importance des relations informelles

La pertinence de la constitution des équipes de travail est un facteur de réussite du projet. La qualité des relations interindividuelles et l'importance des relations informelles ne doivent pas être négligées. Les groupes travaillent bien mieux lorsque les membres se sentent en bonne compagnie. Dans une organisation, ce sont les réseaux informels qui assurent les échanges d'informations et la synchronisation optimale des tâches et processus.

Disposer d'une idée assez précise des affinités au sein d'une équipe est un réel avantage pour mieux maîtriser les affectations. En s'inspirant des travaux de Jacob Levy Moreno (1889-1974) à propos de la sociométrie, on peut ébaucher un schéma d'affinités et optimiser ainsi la répartition des tâches et des processus de réalisation du projet. Correctement affinée, cette ébauche devient riche d'enseignement. Elle révèle la nature des échanges informels, véritable support de la réalisation des projets complexes. Mais pour mieux comprendre, reprenons dès à présent le principe fondateur de la sociométrie.

Les principes de la sociométrie

SOCIOMÉTRIE : méthode d'application de la mesure aux relations et réactions humaines – *Le Petit Robert.*

Jacob Levy Moreno avait constaté qu'on ne pouvait se contenter du seul organigramme fonctionnel pour comprendre les relations au sein d'un groupe. L'organigramme fonctionnel précise exclusivement les relations officielles et laisse dans l'ombre les réseaux informels existants ou potentiels. Une autre cartographie fondée sur les affinités méritait d'être élaborée.

Pour bâtir cette seconde cartographie, Moreno recommandait de collecter les réponses aux trois questions suivantes posées à chacun des membres de l'équipe :

1. Avec qui aimeriez-vous travailler ?
2. Avec qui préféreriez-vous faire équipe pour aborder une tâche délicate ou difficile ?
3. Qui choisiriez-vous pour un moment de détente, une bonne rigolade ?

Les résultats de ce questionnaire sont ensuite ventilés sur un tableau. La figure 16 propose un exemple simplifié de tableau récapitulatif. En réorganisant intelligemment les colonnes et les lignes de ce tableau, on fait apparaître les groupes d'affinité.

Les numéros 1, 2 et 3 présents dans les cases correspondent respectivement aux réponses apportées aux 3 questions ci-dessus.

	A	B	C	D	E	F	G	H	I	J	K	L
A		1,2										
B			1,2	1,3								
C	1,2	1,2,3		1,2,3				1,3				
D			1,2,3					1				
E				1,2		1,3						
F					1,3		1					
G					1							
H				1,2			1,2		1,3			
I								1		1,2		
J									1,3		1,2,3	1,2,3
K										1,2		1,2
L										1,2	1,2	

Figure 16 : Matrice d'affinité simplifiée

Le sociogramme

SOCIOGRAMME : représentation graphique des relations individuelles entre les différents membres d'un groupe – *Le Petit Robert.*

Il est alors temps de tracer le « sociogramme » afin de synthétiser les résultats et de mieux visualiser les groupes informels et leurs relations.

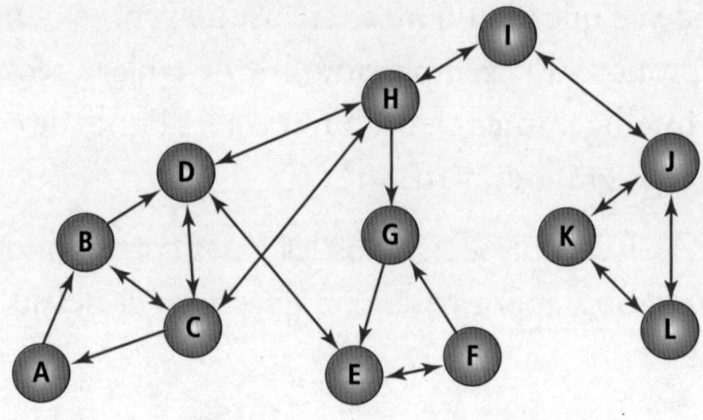

Figure 17 : Sociogramme

La cohésion des groupes est aisément perceptible avec les liens de réciprocité.

Les « idoles » choisies par un grand nombre, comme les « moutons noirs », sont identifiées. On peut aussi apprécier les groupes unis, mais plus isolés du reste de l'équipe. Lorsque l'un des acteurs est plébiscité, la question 3 permet de discerner le bon copain du leader naturel. À l'étude de l'exemple simplifié de la figure 17, on notera la solide cohésion du groupe « J-K-L », qui ne semble être relié aux autres membres de l'équipe que par l'acteur « I », et les relations réciproques « I-J » et « I-H ». On conservera précieusement cette information lors de la phase d'affectation.

Cette simple représentation est d'une grande richesse. Elle est incontournable lorsque le projet fait intervenir de multiples acteurs ayant déjà eu l'occasion de travailler ensemble.

Est-il nécessaire de recommander la discrétion et de conserver la cartographie des affinités dans son « domaine privé » ?

Dans son principe, la sociométrie complète cette première matrice d'une seconde matrice, intitulée la matrice des rejets. Cette seconde matrice reflète les résultats à la question : Avec qui préféreriez-vous ne pas vous retrouver dans le même groupe de travail ?

Si la cartographie des affinités est tout à fait réalisable avec moult précautions, la matrice des rejets est bien plus délicate à élaborer, et on évitera de la réaliser afin de ne pas ajouter de la tension à la tension.

CONSEIL PERSONNEL : DES ÉQUIPES PERFORMANTES

Une affectation optimale des rôles est un facteur majeur de l'efficacité des processus de réalisation du projet. Pour composer des équipes performantes et fédérées autour du projet, je considère en priorité les compétences de chacun. Ensuite, je prends en compte les aspirations, les goûts et préférences. On travaille toujours mieux lorsque l'on accomplit ce que l'on aime. Puis j'ajuste les affectations potentielles selon les affinités révélées par ce dernier outil sociométrique légèrement simplifié afin d'évaluer les potentialités des réseaux informels. Il est parfois judicieux de tenter quelques expérimentations originales comme l'association de compétences et de sensibilités différentes, mais complémentaires, notamment pour les activités en binôme. Rien n'est gravé dans le marbre, les affectations évoluent en cours de réalisation selon le même schéma.

Les conditions pour réussir

L'élaboration de cette cartographie exige prudence et adresse. Les affinités sont parties intégrantes du jardin secret de chacun.

Pour inciter les partenaires de l'équipe à en dire un peu plus sur leurs affinités sans indiscrétions exagérées, il suffit de profiter d'un échange privé et d'amener naturellement le propos. Pour préparer un climat de confiance, il est utile de se révéler un peu de soi-même au préalable ; non pas en racontant ses exploits passés comme une chanson de geste, mais bien en faisant partager quelques moments déjà vécus où la qualité relationnelle avait son importance. Que les situations contées soient réelles ou imaginaires importe peu ; il suffit qu'elles soient bien racontées et fassent la part belle à la sensibilité et à l'émotion. Dans tous les cas, une bonne histoire n'est autre que la combinaison de faits réels et de fictions. L'humour n'est pas interdit, bien au contraire. C'est un talent à développer pour tous les managers d'équipe.

Cela dit, le manager n'est pas non plus tenu de suivre à la lettre les règles de la sociométrie. Si, pour de multiples raisons, la collecte d'informations par questionnement direct est délicate à réaliser, il aiguisera sa sagacité et intégrera ses propres observations pour affiner la mesure.

Enfin, le chef de projet est un partenaire de l'équipe. Il a aussi ses affinités. Il s'appliquera la méthode à lui-même afin de visualiser rationnellement ses sentiments envers chacun des membres directs de l'équipe. Il mettra ainsi en évidence les relations qui nécessitent d'être améliorées pour la bonne marche du projet.

http://tb2.eu/c5

AXE 3

Développer les outils d'assistance à l'anticipation

N'attends pas que les événements arrivent comme tu le souhaites ; décide de vouloir ce qui arrive et tu seras heureux.

ÉPICTÈTE

Être en mesure d'anticiper en toute situation est la base même du pilotage. Toute décision, quel que soit le degré d'urgence, doit être réfléchie et s'inscrire dans une logique stratégique de réussite. Le tableau de bord, outil de prédilection du manager de projet, ne se limite pas au simple constat. Trop souvent réduit à la mesure des délais et des budgets, le tableau de bord du manager de projet reste incomplet pour remplir sa fonction d'anticipation et d'aide au pilotage. Il faut dépasser ce stade du constat après-coup et redéfinir cet instrument afin de mesurer toutes les formes de performances, sans omettre la gestion des risques et des menaces.

	Maîtriser l'organisation du projet
AXE 1	■ **2 bonnes pratiques de bons sens** 1) Construire le référentiel de valeur 2) Privilégier la réactivité ■ **Efficacité du manager** Maîtriser les techniques de la négociation
	Dynamiser la coopération étendue
AXE 2	■ **3 bonnes pratiques de bons sens** 3) Synchroniser les rôles 4) Abandonner le management autoritaire 5) Favoriser la coopération interne et externe ■ **Efficacité du manager** Utiliser les outils de la psychosociologie
	Développer les outils d'assistance à l'anticipation
AXE 3	■ **4 bonnes pratiques de bons sens** 6) Mesurer la performance pour assister la décision 7) Assurer le suivi des enjeux 8) Adopter une démarche d'amélioration continue 9) Anticiper les risques d'échec ■ **Efficacité du manager** Méthodes et outils de gestion du temps
	Faciliter l'intégration – Accompagner le changement
AXE 4	■ **3 bonnes pratiques de bons sens** 10) Intégrer les projets dans la chaîne de valeur 11) Assurer le pilotage actif du changement 12) Intégrer les coûts du processus d'intégration ■ **Efficacité du manager** Communication et conduite de changement

Témoignage de Sabrina

De la précision des informations collectées

Sabrina, directrice de projets pour une société internationale du secteur bancaire.

J'ai commencé ma carrière dans une entreprise de services. J'étais en poste chez un client, une entreprise assez importante du secteur électronique. En un an, j'ai dû être affectée à plus de 15 projets différents, sans mentir. D'ailleurs, je ne sais pas combien ont finalement abouti. Très peu, peut-être aucun, d'ailleurs. Je n'étais pas tenue au courant. Dans cette entreprise, les changements de priorité étaient constants. Tout le monde courait un peu partout avec des dossiers sous le bras portant ordres et contrordres, la précipitation étant la règle en vigueur. Avec un collègue, nous avions remarqué que chaque fois que quelqu'un entrait dans un bureau, il ne lâchait pas la poignée de la porte de peur d'être retenu. Mais chaque fin de semaine, le casse-tête du reporting *revenait avec l'éternelle question «je pointe où?». C'est là que les chefs de projet et responsables de service exerçaient leur talent tout particulier du bon dosage. Les projets et activités étaient toujours bien gérés quoi qu'il advienne! En tout cas selon les rapports… Pas vraiment terrible pour l'évaluation du ROI des projets! Aucune analyse n'était alors possible. Aucun pilotage envisageable.*

Depuis, les années ont passé, et j'ai connu des projets de toutes sortes. Mais ce « je pointe où ? » m'a profondément marquée et je l'ai toujours combattu. Un projet doit être piloté quel qu'en soit le déroulement. La précision de l'affectation des temps et des budgets est un préalable incontournable. Sinon c'est n'importe quoi. Gare à celui qui osera encore me poser cette question !

6e pratique de bon sens

Mesurer la performance pour assister la prise de décision

La question de la mesure de la performance est une préoccupation constante et cruciale. Mais encore faut-il savoir comment seront exploités les résultats de cette mesure. Sans une véritable ambition d'aide à la prise de décision et au pilotage, il est inutile de mesurer la performance.

La mesure n'est pas une fin en soi

Il ne faut plus dire : « Le processus est sous contrôle car je le mesure » mais « Le processus est sous contrôle car je suis apte à décider. » On ne peut contrôler que ce que l'on mesure. Mais il ne suffit pas de mesurer un processus pour le contrôler. Le système de mesure, aussi sophistiqué soit-il, n'exonère jamais le décideur de ses responsabilités. Des tableaux de bord bien conçus et des indicateurs sélectionnés avec soin sont indispensables pour évaluer la performance des actions engagées et apprécier ainsi l'opportunité de les poursuivre ou de les réformer. Mais la décision appartient toujours aux hommes qui pilotent le projet. La mesure n'est pas une fin en soi.

Pour une véritable démarche de progrès, ne vous contentez pas d'une vision manichéenne en ne sélectionnant que des indicateurs binaires

Le tableau de bord ne sert pas uniquement à fournir des réponses. Il doit aussi suggérer de bonnes questions ! Il est relativement tentant de ne sélectionner que des indicateurs élémentaires dont la signification ne laisse aucune place à la réflexion. Ces indicateurs, porteurs d'une information purement binaire, sont loin d'être les plus efficaces.
S'il est bon de mettre en place quelques alarmes pour se prémunir des dangers potentiels, il est tout aussi important de définir des indicateurs incitant à dénicher de nouvelles voies de progrès en apportant une vision plus complète de la situation. Autrement dit, un indicateur comparant les délais par rapport aux prévisions est nécessaire mais insuffisant. Il faut compléter le tableau de bord de mesures plus précises pour identifier les actions potentielles à mettre en place et corriger les dérives.

La mesure de la performance est un outil d'assistance à l'anticipation

Le système de mesure doit être considéré comme un instrument facilitant la prise de décision. On ne mesure pas la performance pour distribuer des blâmes ou des *satisfecit*. Ainsi, un système de mesure efficace ne se contentera pas d'apporter un simple constat de la situation. Indiquer le nombre de jours de retard pris par un projet ou la valeur du dépassement du budget constitue des informations de premier ordre. Mais il ne faut surtout pas se limiter à ce seul enseignement. Il ne porte en soi aucune aide pour corriger le tir et n'induit qu'une réaction de police : « Plus vite, on prend du retard ! » ou « Nous consommons trop, réduisons les dépenses ! » Pourquoi ? C'est une autre question. Place aux conjectures en tout genre…

Le système de mesure de la performance s'inscrit dans la dimension plus globale des outils d'assistance à l'anticipation. Anticiper, c'est disposer de l'information lorsque la décision est possible. Ainsi l'information proposée par le système de mesure doit être significative et délivrée suffisamment tôt pour permettre une prise de décision efficace, en temps et en heure.

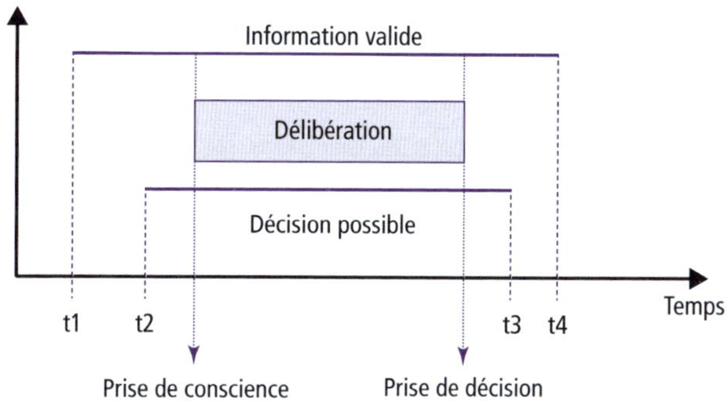

Figure 18 : La décision en temps réel

Pour bâtir un système de mesure efficace, il vaut mieux ne pas se laisser embarquer dans une modélisation systémique absolue. Il est courant d'utiliser la métaphore de la conduite d'un engin (automobile, avion, bateau) pour faciliter la compréhension du rôle du système de mesure dans une modélisation de type cybernétique. Elle est particulièrement efficace pour présenter les différentes entités ainsi que leurs relations. Mais une fois cette phase didactique accomplie, il faut vite l'abandonner au risque de se laisser absorber par le mythe du pilote unique, maître absolu, dominant un système servile. Un projet, tout comme une entreprise, est autrement plus complexe.

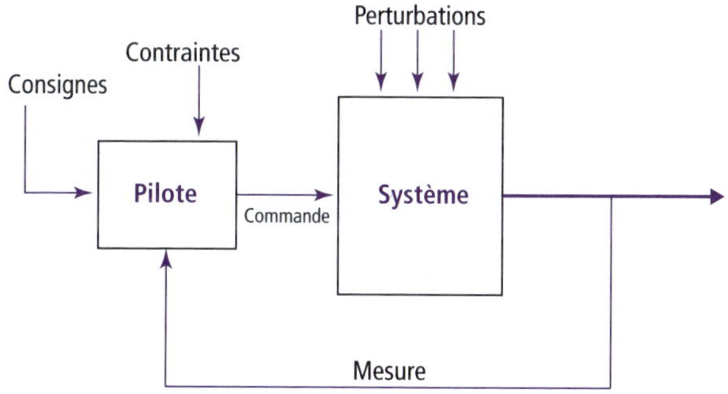

Figure 19 : Schéma de principe d'un asservissement

Témoignage de Rémi

Comment j'utilise mon tableau de bord

Rémi, directeur de projets pour un groupe du secteur de la chimie industrielle.

Si j'utilise un tableau de bord ? Bien sûr, j'ai toujours utilisé un tableau de bord. Mais, bon, jusqu'à encore récemment, il ne me servait qu'à visualiser les niveaux d'avancement. Une utilisation très classique, en fait. Je plaçais les habituels graphes de mesure des temps et des coûts, de suivi de passage des jalons et des consommations de budget. Un outil particulièrement pratique pour préparer les réunions d'avancement. Mais de là à dire qu'il me servait à piloter, il n'y a qu'un pas que je ne franchirai pas. À constater ? Oui, voilà, à constater, c'est le mot. Un module n'apparaît en retard que lorsqu'il est réellement en retard. Pas trop de moyen d'anticiper. Un projet ne prend du retard qu'un jour à la fois. Je ne me souviens plus qui a dit cette phrase tellement juste. Parce que c'est là, le problème. Aussi paradoxal que cela puisse paraître à ceux qui n'ont jamais géré un projet, on ne voit pas réellement le retard s'installer en suivant les courbes d'avancement. On constate le retard lorsqu'il est là, bien présent. Mais on ne l'anticipe pas. C'est donc sous un autre angle qu'il s'agit d'attaquer le problème. Une approche plus transversale ? Oui, c'est un peu cela à quoi je pense. Parce que, à la réflexion, les dépassements de budget ou de délai sont quelquefois prévisibles. Une bonne étude de risques, ou une liste bien précise de facteurs d'échec, permet de débroussailler un peu le terrain. Mais, bon, vous savez comment se lancent les projets. Les études de risques ou des facteurs d'échec et de réussite ne sont bien souvent qu'une simple formalité, un document joint au dossier que quasiment personne ne lira. D'ailleurs, bien souvent, on reprend l'étude déjà faite pour un projet similaire achevé, et on l'adapte vite fait. Je l'avoue. Et puis, un jour, j'ai eu, comme qui dirait, une prise de conscience. Le projet ne se déroulait pas trop mal. Peut-être est-ce pour cela que j'avais un peu de temps devant moi, pour penser à mon métier, voire un peu plus avant. Je ne sais pas. En tout cas, j'ai décidé de bâtir une table des risques qui tenait la route, et de réfléchir sérieusement aux facteurs susceptibles de pénaliser le bon déroulement du projet. J'ai sélectionné les facteurs plus critiques. Trois ou quatre, guère plus. Lesquels ? Cela dépend des projets. Ce peut être des questions d'affectation de ressources, de communication interne, de gestion des priorités, de disponibilité… Bref, j'ai lancé quelques actions pour les parer, ou tout au moins, les affaiblir, et je me suis bricolé un tableau de bord personnel « aux petits oignons ». J'avais fixé quelques objectifs à atteindre, et là, j'avais vraiment l'impression d'avoir bâti un instrument véritablement utile. Non pas que le tableau de bord classique soit inutile, ce n'est pas ce que je veux dire. Bien au contraire, même. Mais il faut admettre qu'il ne se limite qu'à la fonction de reporting. *En agissant sur les facteurs susceptibles de devenir des facteurs de succès, j'en suis même arrivé à sérieusement modifier ma méthode de conduite de projet. Mais cela pourrait faire l'objet d'un autre témoignage.*

7e pratique de bon sens

Assurer le suivi des enjeux

Lors de la conduite d'un projet, il est de tradition d'accorder une attention particulière à la mesure des coûts et des délais. Bien que cette préoccupation soit légitime pour répondre aux exigences budgétaires définies par le contrat, elle est loin d'être suffisante. Pour ne pas perdre la cible de vue, il est primordial de compléter la mesure de l'avancement d'un suivi concret des enjeux.

Mesurer l'avancement en termes de délai et de budget : les courbes en S

Pour mesurer l'avancement de projets assez conséquents et découpés en lots, on peut appliquer les principes de l'*Earned Value Analysis,* une méthode particulièrement efficace. Cette approche propose de vérifier en permanence trois dimensions, ce qui est prévu, ce qui a été fait et ce que cela a coûté, à l'aide de trois marqueurs :

- le BCWS (*Budgeted Cost of Work Scheduled*), ou CBTP (coût budgété du travail prévu), définit les coûts budgétés des travaux planifiés à effectuer durant le temps prévu. C'est la courbe de référence : ce qui était prévu ;

- le BCWP (*Budgeted Cost of Work Performed*), ou CBTE (coût budgété du travail effectué) mesure les coûts budgétés des travaux réalisés à un moment donné : c'est la valeur effectivement créée à la date de la mesure ;
- l'ACWP (*Actual Cost of Work Performed*), ou CRTE (coût réel du travail effectué), mesure les dépenses effectivement réalisées à un moment donné : ce que cela a déjà coûté.

En juxtaposant les trois courbes, le responsable de projet peut aisément juger ses écarts en termes de dépenses et d'avancement par rapport au planning et au budget prévu.

Mesurer l'avancement

Lorsque la courbe BCWP est au-dessus de la référence BCWS, c'est le signe que le projet avance plus vite que prévu à la même date. *A contrario*, si cette courbe est en deçà de la même référence, là, le projet est en retard.

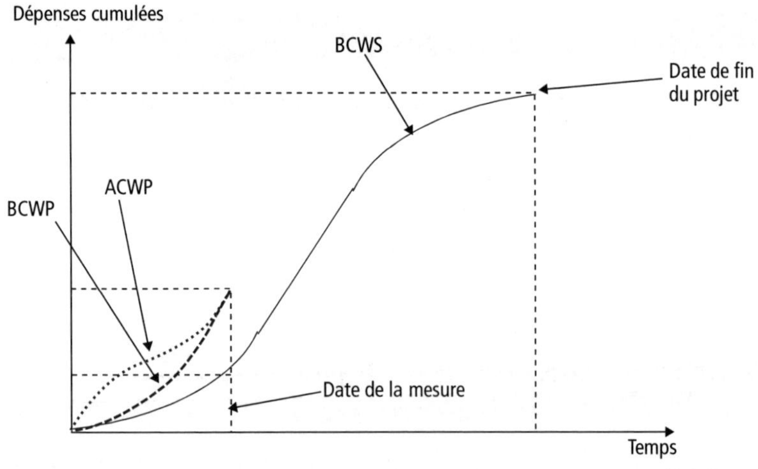

Figure 20 : Le projet sur-performe et consomme correctement

Mesurer les dépenses

Lorsque la courbe ACWP est au-dessus de la référence BCWS, c'est le signe que le projet consomme plus que prévu. Si elle est en dessous de cette même référence, le projet est plus économe que prévu à la même date. Mais cette courbe de consommation ACWP doit aussi être rapprochée de la courbe d'avancement BCWP. Si le projet va plus vite que prévu, il est tout à fait normal qu'il consomme en proportion. Si le projet va moins vite que prévu, dans ce cas, la consommation doit être plus faible que la référence.

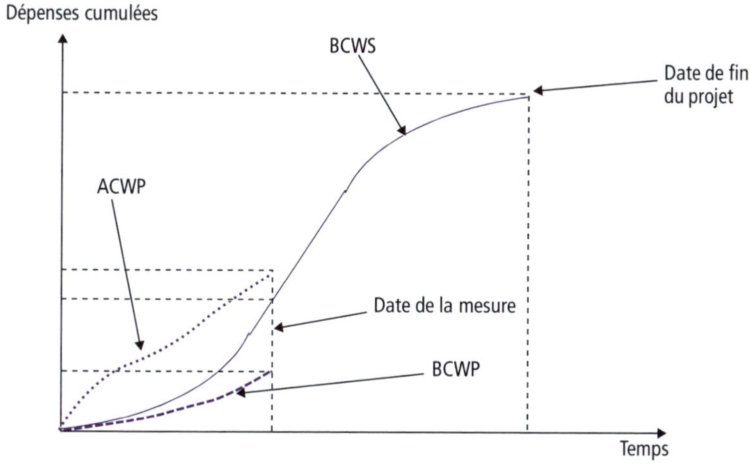

Figure 21 : Le projet prend du retard et consomme plus que prévu

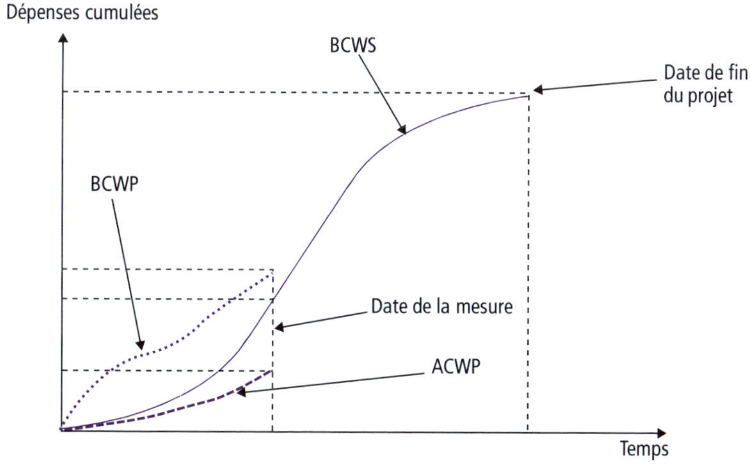

Figure 22 : Le projet est en avance et consomme moins que prévu

La figure 22 représente le cas le plus favorable. Le projet va plus vite que prévu (BCWP est au-dessus de la référence) et consomme moins qu'il ne devrait (la courbe ACWP est au-dessous de la référence).

Mesurer les enjeux

Le projet peut être défini comme la recherche de l'optimum des services délivrés selon deux contraintes : le respect des délais impartis et le respect de l'enveloppe budgétaire et d'une constante, la qualité fournie. La performance ne peut s'exprimer uniquement en termes de contraintes comme c'est trop souvent le cas. L'obsession des délais et des budgets est d'ailleurs la cause d'effet de bord pouvant sérieusement compromettre la réussite du projet. Lorsque le manager a les yeux braqués sur le calendrier et le porte-monnaie, il impose une pression génératrice d'un stress dommageable.

Pour assurer un progrès continu : savoir choisir les indicateurs qui font mal

Il est toujours séduisant de présenter des tableaux de bord avec tous les indicateurs au vert. C'est d'autant plus facile à réaliser lorsque l'on dispose de la totale liberté du choix de ses indicateurs. Il y a toujours moyen de présenter les choses sous un jour favorable. Mais tout cela ne fait pas avancer le schmilblick. Il est préférable d'éviter les indicateurs de complaisance pour favoriser la mesure du progrès véritable. Mais ce n'est pas toujours aussi simple. La dure réalité risque de remettre en question les choix initiaux. Et ça, ce n'est facile pour personne !

Pour tenir les délais, les concepteurs font des impasses. La qualité est la première victime. Plus de temps disponible pour faire les tests de validation, ni pour réfléchir aux meilleures façons d'aborder un problème, et encore moins pour échanger avec les utilisateurs. La richesse fonctionnelle est la seconde victime. Comment être surpris lorsque le nouveau système est reçu un peu froidement ? Quel est l'intérêt d'un système livré en temps et au coût voulus s'il ne correspond pas aux attentes ?

Lors de la phase de préparation, nous nous sommes attardés à bâtir un référentiel caractérisant la notion de valeur au sens précis du projet. S'il est important de respecter les contraintes de budget et de délais pour suivre les écarts et être prêt à les corriger, il est tout aussi essentiel d'évaluer la qualité de la réalisation en cours du projet sous l'éclairage de ce référentiel. Cet ensemble de mesures assure une appréciation bien plus complète de l'efficacité de la réalisation en cours. En étudiant les premiers modules en cours d'élaboration sous l'éclairage de ce référentiel, le manager et l'équipe de réalisation pourront ainsi juger de la pertinence des orientations de réalisation.

Une fois au cœur du projet, les difficultés de réalisation finissent toujours par monopoliser toute l'attention. Malgré toutes les bonnes résolutions de départ, les enjeux initiaux sont alors bien loin dans les esprits.

EXEMPLE

Pour les projets système d'information, les technologies sont excessivement délicates à mettre en œuvre et les aspects techniques du projet finissent rapidement par devenir la préoccupation exclusive. Lors d'un choix d'orientation en cours de projet, les équipes de réalisation privilégieront toujours les seuls aspects techniques.

Confronter régulièrement les travaux en cours avec le référentiel de valeur permet de cadrer en continu le projet sur les véritables enjeux.

Maintenir le référentiel et anticiper les menaces

Périodiquement, le référentiel sera révisé pour s'assurer que les enjeux n'ont pas évolué entre-temps. Cette table réactualisée régulièrement est particulièrement précieuse pour établir les arbitrages en cours de projet. En cas de dérive conséquente, il faut en effet savoir redistribuer les priorités et sélectionner les modules importants afin de rééquilibrer l'effort et focaliser les énergies, temps et ressources sur les urgences de l'entreprise.

La valeur accordée au projet par chacune des parties prenantes n'est pas figée. Des enjeux qui semblaient bien acceptés à l'origine peuvent se transformer en une menace latente…

Risque et menace ne sont pas synonymes. Si tous deux compromettent le succès du projet à l'insu de l'équipe de réalisation et du manager, on peut identifier à l'origine de la menace, l'intention délibérée et pernicieuse d'un ou plusieurs malfaisants.

Malgré le consensus établi à l'origine du projet, l'appréciation des bénéfices prévus, susceptibles d'être apportés par le nouveau projet, risque d'évoluer au fil du temps. Pour diverses raisons, certaines parties prenantes, particulièrement chaudes lors du lancement, risquent de tiédir en cours de réalisation. En d'autres mots, si elles ne trouvent plus vraiment leur intérêt dans le projet, elles ne vont pas développer d'efforts inconsidérés pour le supporter lorsqu'il rencontrera quelques difficultés. Voire pire! Si certains acteurs majeurs ne trouvent plus matière à accord entre le projet en cours et leur ambition personnelle, ils peuvent changer leur fusil d'épaule et devenir de véritables saboteurs.

La coopération fonctionne lorsqu'elle sert la compétition personnelle. Chacun doit y trouver son intérêt. Il est ainsi bon de vérifier régulièrement la validité du référentiel de valeur auprès de chacun et de suivre les dérives et les baisses d'intérêt. Il vaut mieux être prévenu lorsque les planches savonneuses, insidieusement glissées sous les pas, commencent à se multiplier…

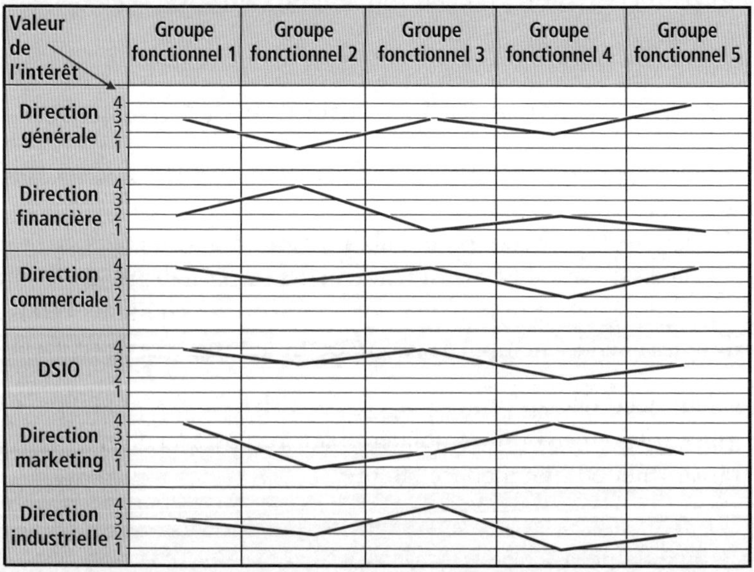

Figure 23: Table de suivi des «enjeux»

8e pratique de bon sens

Adopter une démarche d'amélioration continue

Comme pour toutes les réalisations humaines, la réussite du projet sera accessible non pas en se focalisant uniquement sur le but à atteindre, mais bien en adoptant une démarche d'amélioration continue. Il faut aussi mesurer la performance selon les autres axes de progrès dits « transversaux ».

Livrer le produit ou les services conformes aux attentes dans les délais et aux coûts impartis est bien entendu le but ultime. Mais nous savons tous qu'il ne suffit pas de garder les yeux braqués sur le but pour l'atteindre à coup sûr. Le projet est tout sauf linéaire et le parcours ne se déroule pas en une ligne droite uniforme. Il ne suffit pas de constater un écart pour être prêt à y parer. D'autres paramètres contribuent au premier plan à la réussite du projet. Ils méritent d'être suivis de près dans une dynamique de progrès continu. L'évaluation de la qualité des échanges au sein et hors de l'équipe, la pertinence de la gestion des ressources ou encore la performance du système documentaire sont quelques exemples des facteurs de succès. Il n'existe pas de liste exhaustive des « axes transversaux », gages de la réussite du projet. Chaque manager puisera dans son expérience propre pour compléter cette courte liste[1]. Attardons-nous cependant sur la question de la performance du système documentaire, un axe majeur méritant une amélioration dans la grande majorité des projets.

Étude de cas : la mesure de la performance de la gestion documentaire

Trop longtemps considérée comme une formalité, la documentation trouve aujourd'hui ses lettres de noblesse grâce, entre autres, à la dynamique induite par les normes qualité. Néanmoins, il est bon de définir quelques règles et principes pour assurer au système documentaire son rôle essentiel de mémoire et d'information. Ainsi, la qualité du système documentaire ne se mesurera pas au poids de papier généré. Saisir au vol la moindre occasion pour produire des documents de synthèse et les distribuer tous azimuts n'est pas un gage de succès. Au contraire ! C'est plutôt l'abondance d'informations qui pénalise la prise de décision. Que ce soient des rapports insipides, des comptes rendus d'avancement plus ou moins « corrigés », ou encore des feuilles de présence et de pointage, sûrement nécessaires pour élaborer le bilan analytique de fin de projet mais bien pauvres d'enseignement en cours de réalisation, la liste des documents diffusés et des destinataires s'allonge sans cesse… Le mouvement ne s'arrêtera pas de lui-même. Il est temps de mettre un frein à cette dérive !

La qualité du contenu et le ciblage spécifique des destinataires sont bien plus importants. La mesure de la performance du système documentaire portera sur ces aspects. En définissant comme objectif de performance la pertinence de l'information délivrée au bon destinataire, on évitera l'effet parapluie.

1. L'analyse des causes d'échec passés sera une source privilégiée pour définir les voies d'amélioration. Cela dit, les principales causes sont assez récurrentes. En plus, des trois facteurs cités, le manager ne manquera pas de suivre de près la volonté d'engagement de la direction, la qualité de la cohésion des équipes ou encore la maîtrise des changement de priorités.

Les types de document

Sans lister l'ensemble des documents dont la terminologie change selon les entreprises et les méthodes employées, intéressons-nous plutôt au rôle de la documentation. On peut ainsi classer la documentation produite selon trois catégories.

Les documents de référence

Ce sont des documents de fond qui servent de référence au projet. Ils doivent être *exhaustifs et précis*. Au-delà de la référence, ils jouent aussi un rôle contractuel. En cas de conflit, ils seront exploités pour appuyer les débats. Ils sont maintenus à jour et on prendra soin d'archiver les versions précédentes au titre de l'historique. Il faut en effet être en mesure de dérouler « l'histoire » du projet, le cas échéant. Ils seront remis à jour à la moindre occasion et sans hésitation.

Les documents de communication

Il n'y a rien de plus rébarbatif qu'un rapport de réunion insipide et vide de sens. À croire qu'il ne se passe rien. Plutôt que de s'en tenir à un formalisme officiel, il est préférable de donner la primeur au contenu. *Fraîcheur, richesse et pertinence* sont les caractéristiques d'un bon rapport. De préférence, les rapports seront ciblés. Il ne sert à rien, si ce n'est par esprit de standardisation, d'abreuver de détails des interlocuteurs peu concernés par la question.

Les documents mémoire du projet

L'entreprise ne vit pas qu'un seul projet au cours de sa vie. Même si l'Histoire ne se répète jamais de la même façon, les causes de blocage et les solutions trouvées lors d'un projet passé seront une source riche d'enseignement lorsque la difficulté surviendra. Les documents entrant dans cette catégorie favoriseront les aspects de *description dans une optique de réutilisation* : quels sont les problèmes rencontrés ? Dans quels contextes ont-ils été rencontrés ? Comment ont-ils été traités ?

« Storytelling »

On ne transfère pas le vécu à l'aide de rapports formalisés, de chiffres et de tableaux mais bien en relatant des histoires et des anecdotes. En écho au vécu de chacun, les récits évoquent des souvenirs, des expériences personnelles et réveillent des émotions déjà ressenties. C'est ainsi que les apprenants s'approprient le sens. C'est là l'objet du *storytelling*. Le *storytelling* appliqué au management de projet est présenté dans le dossier « Les essentiels du chef de projet » à télécharger sur le site www.chef-de-projet.org.

Bien entendu, un document peut être classé dans plusieurs catégories à la fois. Il devra alors présenter les caractéristiques des catégories concernées. Mais, quel que soit le document, même si la «forme» revêt une certaine importance – pour notamment identifier son type, son origine et sa destination –, elle ne doit pas précéder le contenu. Pour tous les documents, on privilégiera des phrases claires, précises et sans ambiguïté.

L'ensemble des réponses aux questions qui? quoi? comment? pourquoi? est une bonne approche pour élaborer les documents.

Les améliorations du système documentaire s'envisagent comme une démarche de progrès continu. C'est un axe majeur de réussite du projet. Il est donc important de se fixer des objectifs selon les améliorations envisagées et de sélectionner les indicateurs les plus adéquats, ceux qui sont susceptibles d'inciter au lancement des actions les plus efficaces.

Pour ne pas courir après le chat lorsque vous voulez attraper la souris, choisissez les indicateurs correspondant aux objectifs poursuivis

Les indicateurs de performance orientent le sens des actions. L'indicateur de performance est une sorte de matérialisation du but à atteindre. Il doit donc être choisi selon les objectifs de progrès sélectionnés. Il est ainsi inutile de définir des objectifs de progrès orientés sur l'amélioration de la gestion documentaire ou des relations entre les hommes, et de ne placer uniquement que des indicateurs mesurant les délais et les coûts. Les bonnes résolutions seront rapidement abandonnées au profit de ces deux axes, exclusivement.

9e pratique de bon sens

Anticiper les risques d'échec

Si, comme nous l'avons vu, il n'est pas concevable d'envisager toutes les situations susceptibles de se produire dans l'espoir de sélectionner un parcours sans risque, rien n'empêche pour autant d'identifier puis de se prémunir, le cas échéant, des risques d'échec prévisibles.

Il est impossible d'envisager exhaustivement la totalité des situations susceptibles d'être rencontrées au cours d'un projet. C'est d'ailleurs pour cela que nous préférons doter les acteurs du projet d'une capacité de réaction. Mais quel que soit le mode de pilotage, l'effet de surprise est toujours une situation défavorable. Ainsi, une fois le projet engagé, de nombreuses interrogations demeurent en suspens. Selon les réponses qui seront apportées en cours de projet, l'ordre des choses sera significativement modifié. Par exemple, que se passera-t-il si un des principaux sous-traitants est défaillant ? Comment pourra-t-on s'organiser si le produit tant attendu, essentiel au projet (une nouvelle version du logiciel, par exemple) n'est pas disponible à la date voulue ? Que faire si un des acteurs clés du projet ne peut plus s'y consacrer à plein-temps ? Ces questions sans réponse sont les risques du projet. Elles peuvent en compromettre l'issue et méritent d'être évaluées l'une après l'autre avant le démarrage.

Des risques acceptables dans un environnement maîtrisé

Par définition, le risque est un danger éventuel plus ou moins prévisible qui peut affecter l'issue du projet. Il ne sera pas possible de tous les éliminer. Le risque zéro n'existe pas.

> Attention à ne pas confondre risque et défaut de préparation. Compter comme acteur clé du projet un spécialiste qui vous prévient à l'avance qu'il ne disposera pas de beaucoup de temps mais qu'il essaiera de faire au mieux, ce n'est pas un risque mais bien un défaut de préparation.

Il ne s'agit pas pour autant de chercher à se protéger de tous les risques et d'adopter une démarche frileuse. Il n'existe pas d'assurance universelle. Rien n'empêche, en revanche, d'en établir la cartographie et de les garder à l'œil pour s'assurer que le projet évolue en permanence dans une zone de turbulences maîtrisées avec des risques acceptables.

Identifier et évaluer les risques

Communiquer le plus largement possible et faire appel à la mémoire enfouie au plus profond de chacun.

Remonter dans le passé au travers des archives projet. Les causes d'échec ont la fâcheuse tendance à se répéter. D'où l'intérêt de conserver une mémoire projet pour assurer un progrès continu.

Se concerter et éveiller les capacités de réflexion de chaque partenaire du projet pour établir la liste la plus complète.

L'évaluation préalable du risque en 5 temps

Une bonne évaluation préalable du risque se déroule en cinq temps forts :

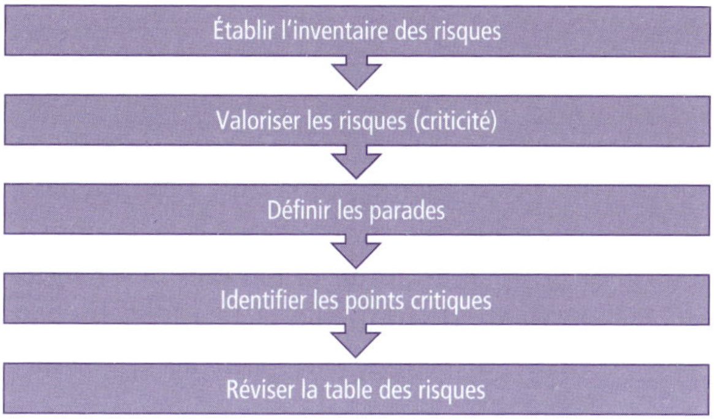

Figure 24 : Étude de risques

Établir l'inventaire des risques

Lister l'ensemble des risques potentiels pouvant menacer le bon déroulement du projet sera la toute première opération. Qu'ils soient financiers, organisationnels, technologiques ou humains, il faudra tous les considérer. Pour effectuer cette liste, on consultera le plus largement possible, sans oublier de plonger dans les archives, pour identifier les causes passées de dérive ou d'échec, dans le pire des cas. On évitera cependant de lister comme risques ce qui n'est en fait que défaut de préparation. Si, par manque de temps ou d'expérience, les spécifications sont incomplètes ou si, par manque de disponibilité ou de budget, toutes les compétences ne sont pas présentes, il ne s'agit pas de risques mais plutôt des signes d'un projet qui se présente fort mal.

Valoriser les risques (criticité)

Gravité

Tous les risques n'ont pas les mêmes impacts sur le cours du projet. Pour prévenir un risque qui, le cas échéant, n'occasionnerait qu'un léger surcroît de travail et un risque qui mettrait en péril l'issue du projet, on n'utilisera pas les mêmes moyens. Il est important de définir une échelle de gravité afin de hiérarchiser les risques en termes d'impact.

On privilégiera le point de vue du client pour estimer l'impact[1]. Une surcharge de travail pour compenser est toujours moins grave qu'un rallongement conséquent de délai ou une amputation à chaud d'une partie du projet.

Probabilité

Tous les risques n'ont pas la même probabilité de survenance. Pour un risque pratiquement impossible et un risque quasi certain, on appréciera différemment l'opportunité de la parade. Les risques potentiels seront qualifiés d'un degré de probabilité. Une échelle à quatre, voire six degrés est en général suffisante pour qualifier la gravité et la probabilité.

Définir les parades

Trois types de plan d'action permettent de se prémunir contre le risque :

- l'élimination du risque ;
- la limitation des effets ;
- la révision du projet.

> La coopération étendue est une bonne méthode pour collecter des idées originales et concrètes et choisir les plans d'action les mieux adaptés.

Éliminer le risque

Par principe, c'est la solution la plus efficace. Ainsi, pour se couvrir des défaillances potentielles d'un fournisseur essentiel, il suffira de rechercher une seconde source fiable et stable susceptible de suppléer la première, le cas échéant. Mais ce n'est pas toujours simple et, si cette

1. On pourra s'appuyer sur le référentiel de valeurs pour évaluer les impacts selon les fonctions concernées. Cette étape se déroule en commun.

solution radicale est la plus efficace, elle est aussi la plus coûteuse. La sécurité a toujours un coût. Le risque doit s'évaluer après avoir défini un coût acceptable pour s'en protéger.

En limiter les effets

Si le risque est difficile à supprimer, il peut être possible d'en diminuer les effets en définissant une sorte d'amortisseur de choc. Le risque n'est pas évité mais ses effets sont moins désastreux. Augmenter les ressources, pour mieux faire face aux difficultés de mise en œuvre prévisibles d'un produit trop récent, est un moyen de ce type. Le risque n'est pas éliminé mais on sera armé pour y faire face.

Lorsque l'on choisit de limiter les effets du risque, la table doit être modifiée en conséquence. La probabilité du risque ne change pas, mais la sévérité est plus faible.

Réviser le projet

En dernier recours, lorsque le risque pèse comme une épée de Damoclès et qu'il n'est pas possible de s'en prémunir à coûts raisonnés, il vaut mieux quelquefois modifier le déroulement du projet. Les fonctions supportant un risque certain non maîtrisé feront l'objet d'une étude d'opportunité un peu plus approfondie. Ce point sera jugé au cas par cas.

Identifier les points critiques

En règle générale, le projet n'est pas de bout en bout à la merci d'un même risque. Le risque sera plus ou moins pesant selon les différentes phases de son déroulement. À ce stade de l'étude, il est primordial d'identifier les points critiques, points où le risque a une probabilité plus grande de se concrétiser. Ces points seront tous listés et feront l'objet d'une attention de tous les instants.

Réviser la table des risques

En cours de projet, la probabilité d'apparition ou la gravité d'un risque évoluent. Il est important d'assurer un suivi permanent et de réactualiser périodiquement cette table.

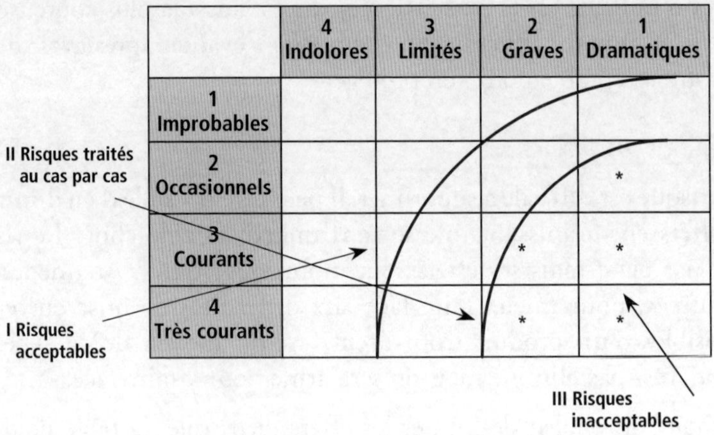

Figure 25 : Table des risques

S'il est absurde de s'engager dans un projet sans un minimum de précautions, il faut cependant accepter un certain niveau de risques. Un projet ne sera jamais un parcours totalement sécurisé. C'est bien pour cela que nous préconisons la mise en place d'une capacité de réaction de tous les instants.

Réaliser le tableau de bord projet

Pour être utilisable et donc utilisé, un tableau de bord se doit de répondre à quelques critères de rigueur, autant sur le fond que sur la forme.

Le fond du tableau de bord

Comme nous l'avons vu au cours de ces pages, piloter un projet, ce n'est pas uniquement suivre son avancement en termes de durée et de coût. Le tableau de bord du chef de projet efficace présentera aussi les éléments nécessaires au suivi des enjeux, à la prévention des menaces et à l'anticipation des risques. Il serait dommage de ne pas suivre et d'amplifier le développement des facteurs de succès clairement identifiés tout en réfrénant les effets néfastes des facteurs d'échec ou jugés comme tels.

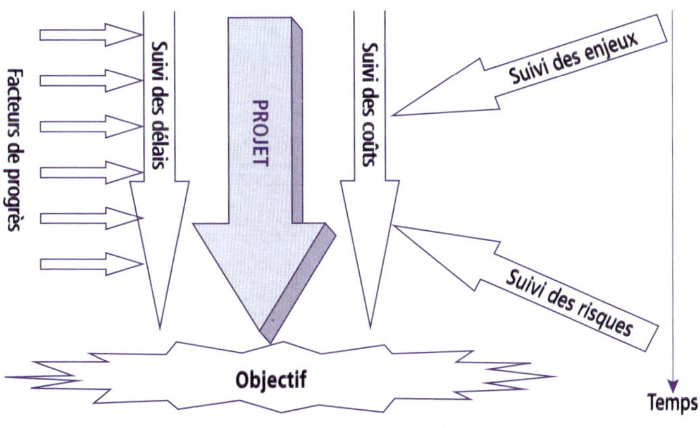

Figure 26 : Tableau de bord 1 du manager de projet

EXEMPLE 1

Un chef de projet ayant identifié comme facteur d'échec la pauvreté chronique des échanges au sein d'une entreprise aura tout intérêt à participer à la mise en œuvre d'actions de communication et d'en suivre soigneusement le développement.

EXEMPLE 2

Pour la réalisation d'un projet transversal de portée stratégique, un chef de projet doit affronter un cloisonnement plutôt hermétique entre les différentes divisions impliquées dans le changement. Après avoir recherché l'appui de la direction dans sa démarche, le chef de projet a choisi une batterie d'indicateurs afin d'évaluer la qualité de la participation et des échanges interdivisions. Le rapport périodique produit à partir desdits indicateurs est, en fait, un véritable outil de communication incitant les acteurs concernés à poursuivre l'effort.

La pauvreté des échanges, la rivalité entre services ou la frilosité de la direction générale et son absence quasi totale d'engagement sont des facteurs d'échec assez courants auxquels le chef de projet devra faire face. Il devra aussi affronter :

- les équipes type « flexibles » où les acteurs sont multitâches ;
- les spécialistes aux profils pointus promis mais jamais disponibles ;
- les budgets « peau de chagrin » ;
- les ressources en surcharge ;
- les changements de priorités répétés ;
- la concurrence des projets multiples ;
- les projets « évolutifs » ;
- les concepteurs trop « inventifs »...

La lutte contre les facteurs d'échec est aussi un axe de progrès, qui mérite d'être piloté et suivi (KPI) depuis le tableau de bord.

Construire un tableau de bord performant

1. Choisir des objectifs à atteindre qui soient plausibles, réalistes et accessibles en un temps limité.

2. Définir un ou plusieurs indicateurs adaptés à chaque objectif et aux hommes qui l'utilisent (l'indicateur doit suggérer des actions possibles à la portée des utilisateurs).

.../...

3. Privilégier les indicateurs faciles à construire, dont vous maîtrisez toutes les informations de base.

4. Choisir la présentation de l'indicateur la plus pertinente au sens des utilisateurs.

5. Limiter le nombre d'objectifs de progrès (1 à 3).

6. Limiter le nombre d'indicateurs affichés (5 à 9).

7. Assurer une réactualisation optimale de votre tableau de bord : ni trop fréquemment, pour laisser le temps au temps, ni trop rarement, pour éviter l'obsolescence.

La forme du tableau de bord

Un tableau de bord efficace ne doit pas se contenter de présenter « en vrac » les indicateurs plus ou moins pertinents. Il n'est pas un fourre-tout dans lequel on rangerait des informations utiles ou « peut-être utiles, qui sait ? ». Un tableau de bord est structuré. C'est ainsi qu'il contribue à assister le chef de projet. Lorsqu'il est bien construit, le tableau de bord est en mesure de fournir des éléments de réponse aux trois questions que se pose le chef de projet en position de décision : Quoi ? Pourquoi ? Comment ?[1]

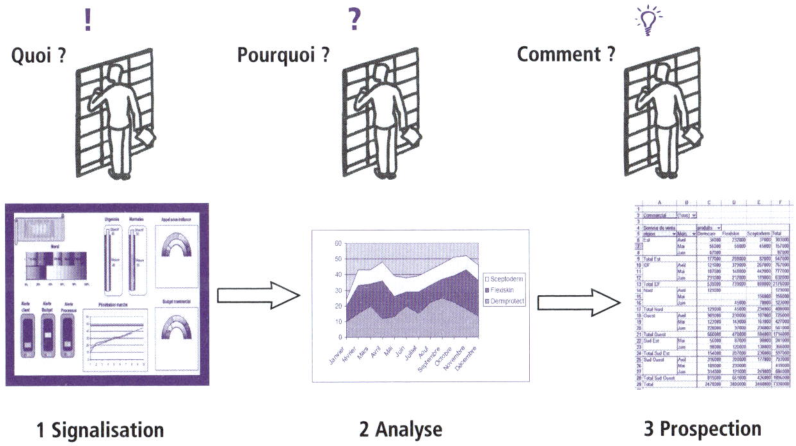

Figure 27 : Les 3 niveaux du tableau de bord. Quoi ? Pourquoi ? Comment ?

1. En référence, *L'essentiel du tableau de bord*, Alain Fernandez, Eyrolles, 2013.

- Quoi ? La page principale de l'écran du tableau de bord répond à cette question. À la lecture de cette page composée d'un nombre réduit d'indicateurs, le chef de projet apprécie la situation d'un « seul coup d'œil » (que se passe-t-il ?).
- Pourquoi ? À la lecture d'un indicateur, le chef de projet s'interroge... Pourquoi affiche-t-il cette valeur ? D'un simple clic, il accède à une vue de détail susceptible d'apporter les éléments pour répondre à sa curiosité.
- Comment ? C'est là où le tableau de bord devient réellement un instrument d'aide à la décision. Lorsqu'il est bien conçu, ce troisième niveau de conception et d'utilisation ouvre la voie à une analyse plus poussée afin de mieux identifier les raisons d'une dérive, voire de suggérer les pistes de réflexion pour pallier les dysfonctionnements signalés.

Pour savoir interpréter les indicateurs : aller plus loin que l'information affichée

Il n'est pas toujours aisé de repérer la cause réelle d'une dérive. Il est bon de ne pas trop se laisser influencer par les symptômes. Comme dans le cas d'une maladie où il ne sert à rien d'agir sur les symptômes, il faut dépasser le constat de base pour identifier les causes fondamentales. Par exemple, lorsque la qualité de réalisation décroît anormalement, il ne servira à rien d'augmenter la fréquence des contrôles. La cause est sûrement plus profonde. Ne serait-elle pas liée à une dégradation des conditions de travail ou encore à une responsabilité trop lourde à porter, deux facteurs augmentant dramatiquement le niveau de stress ?

La page de signalisation (quoi ?) demeure toutefois la plus importante et, bien entendu, la plus consultée. Il s'agit de bien soigner la présentation. Ainsi, une page classique de tableau de bord pourra comporter les indicateurs suivants : le suivi des coûts et des délais du projet en cours, une table de suivi des risques, le suivi des menaces potentielles, le suivi des facteurs de succès ou d'échecs jugés comme étant vitaux pour cette phase de projet.

Pour mémoire, un tableau de bord[1] est accessible uniquement après une étape d'identification.

1. Pour bâtir le tableau de bord projet avec Microsoft Excel, se référer au site : www.tableau-de-bord.org

Figure 28 : Le tableau de bord 2 du chef de projet

Synthèse : un système de pilotage intégral

En développant les quatre axes au fil de ces pages, nous mettons en évidence l'importance primordiale de considérer l'ensemble des acteurs du projet, directs ou indirects. À titre de synthèse, du point de vue du chef de projet, un pilotage optimal se doit d'être décliné selon quatre plans complémentaires, un peu à la manière de calques superposés comme le symbolise la figure 29. Chaque plan calque correspond à un type d'acteur, catégorisé selon sa perception spécifique des enjeux du projet : le chef de projet lui-même, l'équipe et ses membres, les partenaires, les donneurs d'ordre et les parties prenantes directs et, plus globalement, l'ensemble de la communauté concernée par le projet. L'accompagnement du changement, objet du chapitre suivant, traite justement de ce quatrième plan calque.

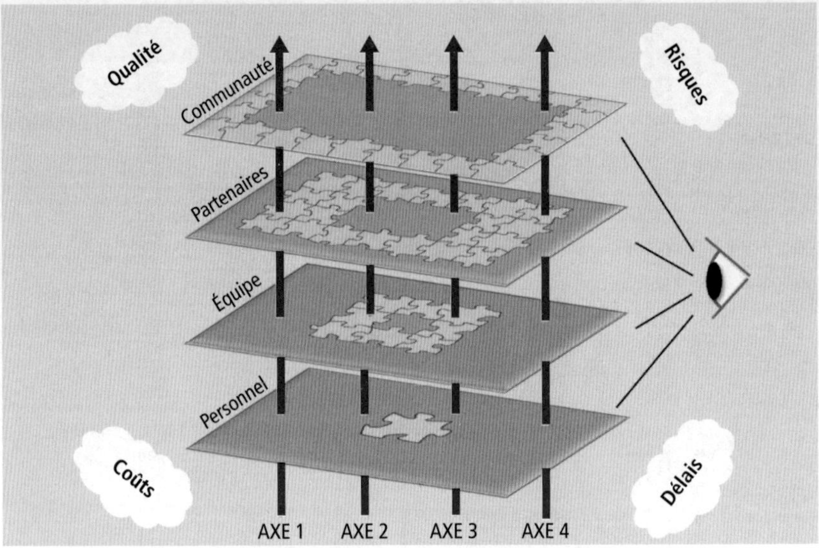

Figure 29 : Un pilotage intégral

Quatre recommandations pour bâtir une assistance efficace à l'anticipation et au pilotage

Pour venir à bout de votre projet tableau de bord : ne négligez pas l'étape de collecte

La collecte d'informations est une étape essentielle du système de tableau de bord. C'est aussi la plus longue, la plus fastidieuse et la plus coûteuse. Il faut en effet vérifier la validité des informations collectées, en préciser la conformité, en juger la cohérence avant de les rapprocher pour les synthétiser. Avant de sélectionner un indicateur, il est important d'évaluer à son juste coût cette étape de collecte et de mise en forme des informations essentielles.

Pour une véritable coopération de tous : ne prenez pas les autres pour des ânes

La question de la motivation est un thème récurrent dans l'entreprise actuelle. Même s'il est notoire que la motivation ne se décrète pas, il y en aura toujours pour persister dans cette idée et proposer de soi-disant indicateurs aux finalités mobilisatrices. Mais là n'est pas le rôle d'un indicateur de performance. Un indicateur n'est pas comparable à une carotte agitée au bout d'un fil. Un indicateur est porteur d'une information destinée à des acteurs responsables et disposant des moyens d'action pour réagir. Même s'il n'est pas toujours évident d'établir les liens de causalité entre l'indicateur et les leviers d'action, il vaut mieux éviter d'afficher des mesures trop généralistes déconnectées des besoins du terrain.

Pour une prise de décision efficace : évitez que la construction des indicateurs ne soit une fin en soi

Il ne faut pas que l'importance de la mesure de la performance monopolise toute la réflexion aux dépens des actions susceptibles de contribuer à l'amélioration continue. Il est ainsi assez singulier de constater que, quelquefois, des responsables consacrent plus de temps à fabriquer un indicateur élaboré qu'à rechercher les solutions à mettre en place pour résoudre le problème invoqué ! Jamais un tableau de bord, aussi sophistiqué soit-il, ne dégagera un décideur ou un groupe de décideurs de leurs responsabilités.

Pour ne pas plonger dans l'absurde technologique : n'automatisez pas tout !

Seule une part infime de l'information essentielle transite par le système d'information. Il ne sert à rien d'imaginer des systèmes sophistiqués pour se passer de la communication orale ou écrite…

PAUL A. STRASSMANN[1]

L'obsession du recours systématique aux outils pour résoudre les problèmes les plus élémentaires conduit à des comportements pour le moins singuliers. Ainsi, on préférera bâtir une infrastructure technologique relativement complexe pour collecter des informations, alors qu'il aurait suffi d'établir un simple dialogue impromptu avec les acteurs de terrain pour acquérir un enseignement bien plus complet.

1. Paul A. Strassmann est un expert de la stratégie et de l'usage des technologies de l'information ; ses livres, articles et conférences sont toujours remarqués.

Il faut rester dans les limites du raisonnable et ne pas trop encenser la technologie et la collecte de l'information à la source. Il est toujours préférable d'établir un dialogue continu. Le tableau de bord est avant tout un instrument d'aide au pilotage et de communication. Il n'est pas censé remplacer ces fonctions essentielles.

À RETENIR

Un projet se pilote. Mais piloter, ce n'est pas uniquement constater les dérives. La gestion budgétaire au plus précis, tout comme le suivi des temps et durée, est indispensable. Mais elle n'est pas suffisante. Pour bien piloter, le tableau de bord du chef de projet comportera aussi le suivi des risques, la gestion des facteurs clés de succès dûment identifiés et le contrôle des menaces potentielles.

http://tb2.eu/c7

Efficacité du manager

Méthodes et outils de gestion du temps appliqués au management des projets complexes

La mission du chef de projet est complexe. Il ne lui sera guère possible d'encadrer la multitude des tâches à réaliser en une journée raisonnable sans mettre en place quelques outils d'optimisation de l'efficacité personnelle, comme la gestion du temps.

La gestion du temps est une excellente recette anti-stress. Malgré une croyance qui persiste encore chez les managers, il n'existe pas de bon et de mauvais stress. Le stress est toujours une dépense d'énergie irraisonnée, aussi pénalisante pour la gestion du projet que pour la santé physique du manager. Le stress n'est en rien stimulant. On ne cherchera pas des qualités cachées aux stériles excitations qui ne causent que des poussées de tachycardie, et conduisent au surmenage et à l'épuisement. La quiétude que confèrent les techniques de gestion du temps et le contrôle de ses émotions sont bien plus efficaces pour maîtriser une situation complexe et délicate.

Postulat préalable : l'humain ne peut être multitâche

Un ordinateur est multitâche. Dans l'industrie informatique, le concept de *time sharing*, ou temps partagé, est né avec les coûteuses et imposantes machines de première génération. Selon ce principe, l'ordinateur partage son temps entre de multiples tâches. Ainsi, l'utilisateur, qui ne disposait à cette époque que d'un simple écran, avait l'impression d'être le seul utilisateur d'un système, pas toujours très rapide. Une fois le temps imparti à une tâche écoulée, le système mémorise le contexte et passe à la tâche suivante en attente. Il récupère le contexte adéquat, et reprend l'exécution préalablement suspendue. L'horloge interne régit le basculement des tâches. Un principe d'interruption permet aux tâches plus prioritaires de s'insérer sans délai et d'être exécutées à la suite d'un événement qualifié comme prioritaire.

Il n'est guère possible de transférer ce principe au niveau de l'humain. L'ordinateur n'est qu'une machine et n'a aucune mémoire des tâches précédentes.

Chez l'homme, le temps de basculement d'une tâche à l'autre est loin d'être négligeable. Selon les études effectuées sur le sujet, plus de dix minutes sont nécessaires pour se replonger dans son travail après une brève interruption, comme une question posée depuis la porte ouverte du bureau, un appel téléphonique ou la lecture d'un e-mail (combien de fois par jour consultez-vous votre boîte ?). Il n'est pas aisé d'oublier le thème de l'interruption pour se plonger à nouveau dans la tâche suspendue ; d'autant plus que ce ne sont pas toujours les mêmes zones cérébrales qui sont activées.

CONSEIL PERSONNEL : S'ACCORDER DES PHASES DE LA JOURNÉE EN MODE OFF

« Chaque jour, je m'accorde de trois quarts d'heure à une heure pour produire en toute quiétude. Je ferme ma porte, je coupe mon portable, je ne lis plus mes e-mails, je ne consulte plus mes fils RSS ni même Twitter. Je ne suis là pour personne, sans exception aucune… On peut survivre, je vous le confirme. Je fais un peu le vide deux, trois minutes et j'attaque les dossiers les plus urgents dans l'ordre. Au bout d'un moment, irrémédiablement, l'attention se relâche. Je fais encore un effort afin de parvenir à un état "fini" du dossier en cours. Je le reprendrai plus facilement ensuite. C'est seulement une fois arrivé à ce stade que je peux traiter le dossier suivant, dans la mesure où le temps disponible est suffisant (au moins vingt minutes). »

Cette technique, dite du « caisson d'isolement », sera aussi enseignée avec profit à l'ensemble de l'équipe. Elle la mettra en application une heure par jour ou une matinée par semaine.

La gestion du temps

Les expressions paradoxales de la langue de tous les jours comme « gagner du temps » ou « perdre du temps » ne sont pas les meilleures formules pour aborder la gestion efficace du temps. Le temps s'écoule en continu. Il ne s'agit ni d'en perdre ni d'en gagner. À chacun de s'organiser afin de « caser » les tâches à réaliser selon ses priorités et ses exigences propres, sans pour autant pénaliser les salvateurs instants de détente, de repos et d'activités personnelles.

Comment faire ?

La mise en place d'une stratégie spécifique et personnelle est incontournable.

Toute stratégie bien conçue commence par la formulation précise de la *finalité*. Pour ne pas rester abstrait, la finalité est ensuite déclinée en *objectifs détaillés*. Puis, un programme *d'actions* d'amélioration soigneusement choisies concrétise la démarche. Enfin, une *mesure* précise garantit un pilotage parfaitement réactif. Voyons chacune de ces phases.

Formuler la finalité

Il suffit de répondre à cette question : *pourquoi entreprenez-vous cette démarche ?*

- Pour respecter les engagements de délai et livrer le projet sans faillir à la date prévue ?
- Pour achever plus rapidement le projet dans une recherche d'avantage concurrentiel personnel ?
- Pour disposer d'un peu plus d'assurance par la maîtrise du temps ?
- Pour se libérer un peu de temps libre pour ses activités personnelles ?
- pour accorder plus de temps à ses proches quelles que soient les difficultés du projet ?
- Pour combattre ses tendances à la procrastination (tendance à repousser les problèmes gênants) ?
- Pour réduire son stress et supprimer les angoisses ?

À chacun de préciser la finalité de la démarche entreprise et de prendre le temps de soigneusement la formuler. Lorsque les mots sont correctement choisis, une phrase synthétique suffit.

Choisir les objectifs

On n'en reste pas à ce stade des bonnes intentions. On se fixera des objectifs précis afin de rendre plus palpable la finalité choisie. Les objectifs matérialisent les directions à suivre.

EXEMPLE

À titre d'exemple, un manager souffrant d'une vie professionnelle trop envahissante aux dépens de sa vie privée et familiale se fixera des objectifs chiffrés à atteindre afin de corriger progressivement ce déséquilibre, véritable source de frustration.

Préciser le programme d'actions

Il est alors temps de définir les actions nécessaires pour atteindre ces objectifs.

La première de ces actions sera de préciser soigneusement les priorités.

Le chef de projet est désormais en terrain connu. Les techniques pour définir son programme d'actions ne diffèrent pas fondamentalement dans leurs principes de celles utilisées pour la gestion du projet. Un diagramme de Gantt est ainsi un bon outil pour visualiser la charge de travail et son organisation.

Quelques conseils complémentaires

Préciser un facteur correcteur d'importance afin de régler la question des tâches concurrentes.

Regrouper les tâches de même nature est une habitude à prendre. Lorsque les automatismes sont déjà en place, les travaux suivants sont réalisés plus rapidement.

D'expérience, toutes les tâches d'une journée n'exigent pas une attention soutenue. Les tâches nécessitant un effort moindre de concentration seront placées prioritairement au moment de la journée où l'on a le plus de chance d'être dérangé. Les instants de plus grande tranquillité seront réservés pour les dossiers plus complexes.

Comme pour une bonne gestion de projet, on accordera la priorité aux tâches les plus productives en termes de résultats. Ce ne sont pas nécessairement les plus plaisantes. Il faut aussi savoir arbitrer.

Une mesure précise pour un apprentissage continu

Consacrer quelques minutes en fin de journée pour élaborer un bilan critique de la gestion du temps au fil de la journée écoulée est une excellente habitude à adopter sans délai. Cette remise en question des actions de la journée en référence aux objectifs initiaux, dans une logique d'amélioration continue, ne demande guère d'effort particulier pour un bénéfice significatif.

Ainsi, profitant de l'expérience acquise, chacun pourra identifier, dans la journée ou dans la semaine, les instants les plus propices pour une tâche complexe ou un exercice de créativité.

Quelques actions de soutien complémentaires

Éliminer progressivement et systématiquement les sources de perte de temps, comme les conversations stériles qui ne procurent aucune satisfaction ou les réunions qui traînent inutilement en longueur.

Reporter les déplacements inutiles pour le projet en cours et profiter des vidéoconférences pour les rencontres de routine.

Lors de la définition des priorités, on accordera une attention particulière aux problèmes complexes aux multiples interactions dont la valeur ajoutée est toute relative si l'on tient compte de l'énergie dépensée pour les traiter. Ils ne sont pas toujours faciles à identifier. La complexité masque la pauvreté de la valeur apportée. Dans ce cas, il est utile de prendre un peu de recul afin de les juger avec une plus grande objectivité. Prendre du recul, c'est changer radicalement de sujet ou, mieux encore, profiter d'une pause pour un instant de détente. Une fois de retour dans le feu de l'action, l'esprit reposé, on lèvera plus aisément les doutes afin d'arbitrer sans regret.

Rédiger les comptes rendus personnels des réunions de travail sans attendre, « à chaud », est une bonne technique pour soulager sa mémoire.

Il existe de nombreux outils informatiques d'organisation personnelle. Pour bien profiter des avantages de ces outils, il est hautement recommandé de dérouler au préalable le schéma présenté ici. Les organisateurs informatisés sont de précieux assistants uniquement pour celui qui sait les utiliser.

En complément, les lecteurs chargeront le dossier « Gestion du temps » depuis le site www.chef-de-projet.org. Ce dossier, réservé aux lecteurs du *Chef de projet efficace*, détaille et complète les phases de la démarche exposée dans ces lignes.

http://tb2.eu/c8

Axe 4

Faciliter l'intégration Accompagner le changement

Le plus difficile, ce n'est pas de développer de nouvelles idées mais bien de se débarrasser des anciennes.

D'après John Maynard Keynes

Intégrer, ce n'est pas uniquement mettre en œuvre. Les approches parcellaires des projets sont à l'origine de la création de nouvelles frontières, véritable rupture de la continuité de services autant sur le plan organisationnel que technologique ou culturel.
Le changement est toujours délicat. Il s'agit de passer d'une situation stable et connue à un état instable, dans l'expectative d'une situation future encore inconnue.
Le changement des habitudes implique nécessairement un changement des attitudes. Si, pour ceux qui le provoquent, le changement est rationnel, il est émotionnel pour ceux qui le subissent.

	Maîtriser l'organisation du projet
AXE 1	■ **2 bonnes pratiques de bons sens** 1) Construire le référentiel de valeur 2) Privilégier la réactivité ■ **Efficacité du manager** Maîtriser les techniques de la négociation
	Dynamiser la coopération étendue
AXE 2	■ **3 bonnes pratiques de bons sens** 3) Synchroniser les rôles 4) Abandonner le management autoritaire 5) Favoriser la coopération interne et externe ■ **Efficacité du manager** Utiliser les outils de la psychosociologie
	Développer les outils d'assistance à l'anticipation
AXE 3	■ **4 bonnes pratiques de bons sens** 6) Mesurer la performance pour assister la décision 7) Assurer le suivi des enjeux 8) Adopter une démarche d'amélioration continue 9) Anticiper les risques d'échec ■ **Efficacité du manager** Méthodes et outils de gestion du temps
	Faciliter l'intégration – Accompagner le changement
AXE 4	■ **3 bonnes pratiques de bons sens** 10) Intégrer les projets dans la chaîne de valeur 11) Assurer le pilotage actif du changement 12) Intégrer les coûts du processus d'intégration ■ **Efficacité du manager** Communication et conduite de changement

Témoignage de Dominique

Le mépris ne paie pas

Dominique, directeur de département au sein d'une société européenne de services.

Une expérience marquante? Oui, oui, voilà, je me souviens. Je travaillais dans une société de conseil assez connue à l'époque, lorsque j'ai été appelé pour reprendre un projet en déroute chez un client. Le chef de projet en poste, un collègue de la société, avait été débarqué la veille. Il avait réussi le tour de force de se mettre à dos l'entreprise client au grand complet. Il faut dire aussi que les choses avaient plutôt mal commencé pour lui. Il n'avait pas bien compris où il mettait les pieds. Ce n'était pas la meilleure idée de déambuler en costard Armani et chaussures Gucci dans les ateliers d'une usine de tradition artisanale où même les responsables sont en bleu au cul des machines. Ce n'était pas plus malin de juger avec distance les us et coutumes de ladite entreprise et le parler plutôt nature des hommes de terrain. Ce n'est pas vraiment ainsi qu'il faut s'y prendre pour recueillir les infos essentielles. Bref, n'ayant pas su ouvrir les portes et construire les ponts relationnels indispensables à tout projet, il préféra limiter les contacts avec le personnel de l'entreprise. Il ne sortait pratiquement plus du local où, avec un noyau réduit de l'équipe projet, il travaillait au respect exclusif du cahier des charges. Le client n'attendait qu'un prétexte pour se débarrasser de lui. Une réunion mal maîtrisée suffit. Pourtant, une fois sur place, j'ai pu me rendre compte que lui et son équipe n'avaient pas mal travaillé du tout. Le projet était bien avancé, et ils avaient à peu près senti ce qu'ils n'avaient pas osé demander. Mais il subsistait des zones d'ombre qui auraient fini par bloquer le projet. C'était d'autant plus dommage que l'ensemble du personnel était plutôt favorablement réceptif au nouveau projet. Une fois repris dans les règles, nous avons pu le terminer, sans trop d'effort, et à peu près dans les temps. Comme quoi, la réussite d'un projet tient aussi à un peu de chaleur humaine !

10e pratique de bon sens

Intégrer les projets dans la chaîne de valeur

Un projet d'entreprise a pour objectif d'apporter sa contribution au processus de création de valeur. Il ne peut être envisagé comme une rustine que l'on plaque sur une organisation sans autre forme de procès. Son intégration dans la chaîne de valeur globale doit rester une préoccupation de tous les instants.

Contractuellement, les limites du projet sont clairement définies en termes de durée et de services. Une fois les objectifs contractuels atteints et la recette signée, le projet est jugé achevé. Les équipes de développement ont rempli leur mission et peuvent alors remballer leur caisse à clous et partir vers de nouveaux horizons. Les utilisateurs héritent du bébé et, tant bien que mal, essaient d'en tirer parti. Si les équipes de réalisation limitent légitimement leur perception du projet à ses spécifications contractuelles, les clients, futurs utilisateurs, en ont une appréciation bien plus globale. Ils ne le dissocient pas du reste de l'entreprise. Cette perception duale du projet est vraisemblablement une des principales causes d'incompréhension entre l'équipe de réalisation et les clients futurs utilisateurs. Alors que les premiers pensent avoir rempli leur contrat, les seconds, ne voyant pas toujours distinctement la cohérence entre la nouvelle solution et l'existant, attendent en vain une improbable suite. L'orientation client des projets, aujourd'hui impérative, ne doit pas rester qu'une bonne parole.

Pour prévenir les frustrations en tout genre, il faut commencer par admettre que le nouveau système ou la nouvelle solution organisationnelle ne sont pas isolés des structures de l'entreprise. Pour une parfaite intégration au sein de la chaîne de valeur, le projet doit être envisagé dans une dimension allant bien au-delà de la réponse exclusive à l'expression du besoin.

Dès ses premières ébauches, le nouveau projet doit s'intégrer aux structures de l'entreprise selon trois dimensions : organisationnelle, technologique et culturelle.

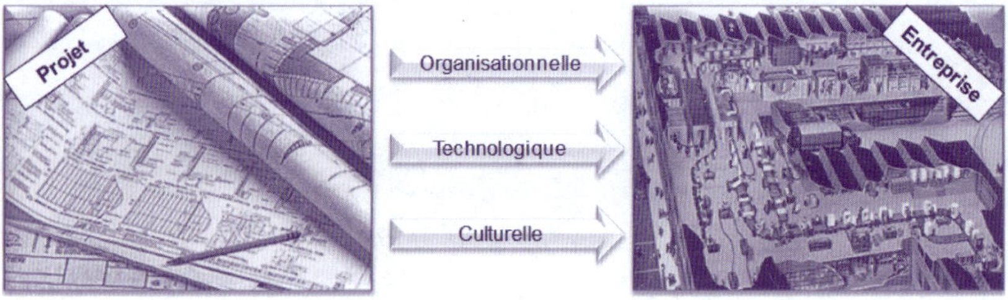

Figure 30 : Les 3 dimensions de l'intégration

Intégration organisationnelle

Le nouveau système complète ou améliore des processus existants, voire en crée de nouveaux de toutes pièces. Chaque processus nouveau ou réactualisé doit trouver sa place dans une vision plus globale de la chaîne de valeur. Cette évolution impliquera systématiquement une nouvelle définition, voire un bouleversement total des rôles des acteurs de l'entreprise. Les habitudes de fonctionnement nécessiteront une réforme conséquente, et les responsabilités seront vraisemblablement redistribuées.

Ces modifications d'habitudes et de responsabilités sont l'explication des attitudes rencontrées en cours de projet. Autant s'y préparer suffisamment tôt.

Concepteurs et utilisateurs n'ont pas toujours la même appréciation de l'ampleur des impacts des changements ; des modifications d'une portée minime aux yeux des concepteurs peuvent être la cause de fortes réticences. Considérons à titre d'exemple la question du partage de l'information. Les projets dynamisant le partage de l'information ont le vent en poupe. Ils sont en effet essentiels pour accélérer la résolution des problèmes locaux récurrents et améliorer la connaissance globale des organisations.

Au-delà de la mise en œuvre des outils, il est important de considérer à sa juste valeur l'évolution des comportements introduite par l'échange d'informations. Pour que le système de partage de l'information soit opérationnel, il est indispensable que l'habitude de renseigner, de documenter et de rédiger entre dans les mœurs et ce, à tous les niveaux de l'entreprise. Mais le goût et le sens de l'écriture ne se décrètent pas. Plus d'un acteur hésitera à écrire de crainte de dévoiler ses faiblesses culturelles. Bien que conscient de l'importance du projet, il sera réticent à sa mise en œuvre, sans en dévoiler les vraies raisons.

> Des blocages incompréhensibles à première vue ont souvent des causes bien plus profondes.

Intégration technologique

Abolir les frontières entre les systèmes

Lors de la mise en place d'un nouvel élément constitutif du système d'information de l'entreprise, il est préférable d'adopter une vision globalisante du système.

Quels que soient le rôle et la portée du nouveau système, la majeure partie des difficultés seront rencontrées aux interfaces. Par exemple, lors des projets informatiques, toutes les pertes de temps sont liées aux efforts déployés pour faire communiquer des systèmes incompatibles, définir des formats d'échange et essayer de dénicher une cohérence là où n'existe qu'une confusion de spécificités.

Le système d'information n'est pas uniquement un lieu de traitement des données. C'est avant tout un lieu d'échange de l'information. Il faut donc abolir les frontières entre les systèmes.

Principe de l'urbanisation des systèmes

Dans la nature humaine, le « tuyau » est le fondamental à partir duquel toutes les fonctions s'articulent.

EXEMPLE

Le système veineux du corps humain en est un premier exemple. De l'artère aux capillaires, chaque organe reçoit à l'endroit voulu la quantité d'énergie nécessaire.
Le système nerveux, transmetteur de l'information, est un deuxième exemple.
La ville restructurée, avec ses rues et ses boulevards interconnectés aux autres villes par un réseau de routes et d'autoroutes, est encore un exemple de la prééminence des voies de communication.

L'école de l'urbanisation des systèmes d'information s'appuie sur la métaphore des villes pour bâtir des systèmes d'information durables et évolutifs. Les réseaux de communication ainsi que les règles les régissant préexistent aux solutions fonctionnelles. Chaque nouveau projet, répondant à des besoins exprimés en termes de fonctionnalités, respecte les règles d'échange et la définition des interfaces pour s'intégrer naturellement au sein de cette architecture globale. Parmi les multiples avantages, cette approche incrémentielle du système d'information signe la fin des projets d'ampleur pharaonique et facilite la mise en place de solutions rapidement opérationnelles.

Intégration culturelle

Une organisation n'est pas un système entièrement automatisé. Son activité ne peut être réduite aux seules procédures. Pour comprendre son fonctionnement précis, pour bien en saisir la substance, il faut prendre le soin de s'attarder sur les comportements et attitudes communément admis des acteurs de l'entreprise. Ce sont ces principes culturels qui la particularisent significativement et font qu'il n'existe pas deux organisations similaires.

Pour éviter de perturber outre mesure et mal à propos les traits constitutifs de l'âme de l'entreprise, les impacts du nouveau projet seront aussi évalués sous cet éclairage. Quelles sont les réformes sous-jacentes introduites par le nouveau système ?

EXEMPLE

La mise en place d'une solution orientée client comme la GRC.

Passer d'une orientation produit à une orientation client ne se réduit pas simplement à la mise en place de nouveaux outils et de processus adaptés. C'est une réforme bien plus profonde des mentalités qu'il faut entreprendre. Il s'agit en effet de basculer de référentiel d'efficacité. La perfection n'est plus atteinte par une conformité produit mais par une satisfaction client. Vaste programme… Selon les mentalités en vigueur dans l'entreprise, la mutation de référentiel sera plus ou moins aisée. Elle conditionne pourtant la réussite du projet.

Témoignage de José-Miguel

Pour réussir le changement, éviter les classements *a priori*

José-Miguel, expert projet au sein d'une société internationale de conseil.

Pour mon premier projet en entreprise, je me suis souvenu d'un cours qui m'avait particulièrement marqué lors de ma dernière année d'école d'ingénieur. Un spécialiste projet, intervenant extérieur, était venu nous parler de la conduite du changement. Il nous avait présenté le schéma, désormais classique, des différents comportements face au changement. Puis, il nous avait mis en garde contre la catégorie qu'il jugeait la plus difficile : les passifs. Ce sont souvent les plus nombreux, nous disait-il. Ils n'ont aucun avis, mais se rangeront auprès de la force la plus influente. Choisissez donc un bon sponsor. Bien influent. Il saura alors rallier tous ces passifs, ces sans-avis derrière le projet ! Pour bien appuyer son trait, il prenait comme analogie les hommes politiques qui, selon lui, manipuleraient de la même façon les masses d'électeurs passifs… Je pensais donc être armé pour aborder cette phase hautement délicate du projet. En fait, il m'a suffi de peu de temps pour me rendre compte que les fameux passifs ne représentaient qu'une infime minorité. Seuls ceux qui sont sûrs de ne pas faire carrière dans l'entreprise sont susceptibles d'adopter un comportement passif! Et encore… J'en ai connu des fortement motivés! D'ailleurs, on ne rencontre de vrais passifs que dans les entreprises résumant le plan de communication à la portion congrue. Je dirais même que les passifs sont le produit de l'entreprise. Si, si, sans chercher à choquer qui que ce soit ! Lorsque la direction considère le point de vue du personnel comme négligeable, ne soyez pas surpris de la faible participation. Alors, ensuite, vous pouvez les traiter de passifs! Trop facile… De la même façon, nous pourrions aussi parler des sponsors qui semblaient être la solution à tous les problèmes pour cet intervenant. La plupart desdits sponsors que j'ai rencontrés au cours de ma carrière étaient essentiellement des opportunistes qu'il s'agissait de gérer comme tels. Pas toujours facile de savoir ce qu'ils pensent vraiment, ni à quel moment ils retourneront leur veste! Mon conseil? Partez du principe que tout un chacun a le droit de savoir s'il sera mangé et, le cas échéant, avec quel accompagnement. Tous ceux qui sont concernés par le changement ont aussi le droit de donner leur point de vue, d'être écoutés et entendus. Suivez ce conseil. Tout ne sera pas résolu, loin s'en faut, mais croyez-moi, votre tâche se déroulera bien plus aisément!

11e pratique de bon sens

Assurer un pilotage actif du changement

La conduite du changement n'est pas une simple phase de la gestion de projet. Pour une parfaite intégration, il est essentiel d'assurer un pilotage actif du changement de bout en bout, en commençant dès les premières ébauches du projet et en maintenant l'effort bien au-delà de la mise en route.

La conduite du changement est une partie constituante de la gestion du projet. La question de l'intégration de la solution, objet du projet, ne se résoudra pas automatiquement et sans efforts. La mise en œuvre d'une nouvelle solution implique un réel changement. Il n'y a pas de changement sans rupture avec le passé. C'est de là d'ailleurs que proviennent la plupart des difficultés, lorsque cet aspect n'est pas considéré à sa juste valeur. Le changement doit être conduit.

Qu'est-ce que le changement ?

Le changement organisationnel est un thème fécond de recherche. Pour illustrer notre propos, on retiendra les deux modèles de théorisation suivants : le saut de normalité et le changement continu.

Modèle 1 : « Le saut de normalité »

Le changement peut être perçu comme un saut de normalité. Selon cette approche, l'organisation est régie par des normes. Cependant, les besoins de l'organisation évoluent et les normes, immuables par définition, finissent par entraver le fonctionnement normal. L'organisation fait de plus en plus appel au pragmatisme et finit par se décaler des règles et normes d'origine. L'écart entre ce que « l'on doit faire » et ce que « l'on peut faire » se creuse. À terme, il devient contre-productif. Il est alors temps de définir de nouveaux principes de fonctionnement et d'établir de nouvelles règles et normes. C'est l'objet du projet. Ce modèle correspond à une idée de l'organisation régulée par les normes. Le projet n'est qu'un accident dans la vie de l'entreprise.

Modèle 2 : « Le changement continu »

Selon ce modèle, le changement doit être perçu comme un état continu. Les phases de stabilité ne sont que des étapes dans un grand continuum de changement. Cette modélisation est assez proche des attentes des organisations actuelles en continuelle évolution. Au contraire du modèle précédent, les normes ne suffisent pas et le pilotage *ad hoc* est directement dépendant de la compétence des hommes et de leur bon sens.

Le changement n'est jamais une situation de tout repos. Nous sommes tous en quête de stabilité, et il est toujours stressant de subir un changement. Lorsque les hommes n'ont pas décidé de leur libre arbitre, le changement équivaut à une perte de repère. Le rôle du manager de projet, animateur du changement pour l'occasion, sera justement de proposer de nouveaux repères tangibles et acceptables. Le pari n'est jamais gagné d'avance.

Les utilisateurs disposent de l'ultime levier, celui qui fera du projet une réussite ou un échec. La recette officielle n'est en fait qu'une formalité juridique. La véritable recette du projet se joue sur le terrain. Ce sont les utilisateurs qui décideront s'ils acceptent ou non le nouveau système.

Pour une démarche de conduite de changement réussie

Sous l'angle de vue des futurs utilisateurs, une démarche de conduite du changement réussie se déroule en 4 temps successifs.

- Premier temps : faciliter la prise de conscience. « Il existe un projet, nous sommes concernés, voyons voir ce qui nous attend » pourrait être le propos échangé.
- Le deuxième temps est celui de la compréhension. Il s'agira pour les futurs utilisateurs de bien saisir et d'intégrer la portée du projet et surtout l'ampleur des changements induits.
- Lorsque ce point est bien accompli, qu'aucune zone d'ombre ne subsiste, le troisième temps sera celui de l'acceptation. Il n'y aura pas de rejet global.
- Enfin le quatrième temps sera la « cerise sur le gâteau » d'une gestion du changement bien conduite, les utilisateurs choisissent de s'impliquer pour un succès rapide du projet.

Fort de cet enseignement, il est bon d'adopter une démarche cadrée selon les 3 axes suivants.

- Partager la vision : autrement dit, expliquer le « où va-t-on ? » et le « comment y va-t-on ? ».
- Adopter une démarche active et garantir la progression de la vision commune au fil du déroulement.
- Piloter le changement.

Pour desserrer les freins au projet, recherchez l'engagement de la direction

Ils le veulent, le système ? Alors ils s'investissent ! Le manque de participation de la direction est souvent cité à juste titre comme cause d'échec des projets. La direction joue en effet un rôle essentiel, qui dépasse largement le simple fait de signer factures et chèques. Que ce soit pour préciser leurs besoins, pour orienter selon l'axe stratégique les inévitables arbitrages ou pour arrondir les angles le cas échéant avec les pouvoirs locaux réticents au changement, la direction devra suivre de près le déroulement du projet. L'équipe projet nécessite d'être épaulée au plus haut niveau pour aborder les problèmes délicats, notamment pour toutes les questions de violation de territoires inhérentes à tout projet transversal. Pour faciliter le travail des agents du changement, la direction affichera publiquement son soutien franc et massif. C'est en tout cas ce type d'assistance que le manager de projet cherchera à obtenir. Ce n'est pas toujours aisé. Dans certains cas, la direction hésitera à s'engager comme soutien à un projet difficile, à plus forte raison si elle n'en est pas l'instigatrice. Lorsque le projet est imposé depuis l'extérieur, notamment dans le cas d'entreprise de sous-traitance, la direction peut se comporter comme une force de résistance passive, si elle ne trouve plus son compte dans le bouleversement des habitudes. Ce comportement singulier se rencontre notamment dans les PME à fortes traditions.

Partager la « vision »

Adopter un esprit marketing

Un projet ne se propose pas, ne s'impose pas, il se vend… Aussi séduisant que puisse être un nouveau produit, ou une nouvelle solution, il ne suscitera pas tout seul l'imminence du besoin. Si la publicité n'existait pas, bon nombre de produits performants resteraient dans les rayons sans trouver d'acheteurs. Il est donc primordial d'adopter un état d'esprit marketing pour vanter les avantages du projet auprès de chaque interlocuteur. Les qualités intrinsèques ne sont pas toujours visibles d'elles-mêmes et les ROI sont encore plus beaux lorsqu'ils ne sont pas annoncés trop platement.

Comme un bon commercial, le promoteur du moment préparera son argumentaire pour chaque type d'interlocuteurs. La perception des avantages n'est pas uniforme. La direction est plus sensible aux arguments de retour d'investissement rapide et de dépenses justifiées. Les équipes de réalisation accorderont leur préférence à l'originalité et aux aspects formateurs du projet. Les utilisateurs préféreront ne pas être trop bousculés dans leurs habitudes tant qu'aucune amélioration de confort ou de performance individuelle n'est perceptible.

> Les présentations initiales répondront à la question : « Pourquoi le changement ? » en trois temps.
> 1. Il existe un problème : lequel ?
> 2. On va le résoudre : comment ? qui ? quand ?
> 3. Après, ce sera comme cela.

Instaurer un climat de confiance

Si un projet se vend, encore faut-il que les éventuels acheteurs tiennent le vendeur en confiance.

Si le discours est important, il ne suffit pas. S'il existe des commerciaux capables de vendre la tour Eiffel, d'autres ne sauraient offrir de l'eau dans le désert par manque de crédibilité. Pour être un véritable leader et réussir à mobiliser les hommes derrière le projet, il faut instaurer un climat de confiance. C'est uniquement par la confiance que les hommes accepteront les incertitudes inhérentes à toute présentation de projet.

> C'est aussi par la confiance qu'une fois le projet lancé ils laisseront du temps aux chargés de la réalisation pour résoudre les incontournables difficultés. Le climat de confiance doit être maintenu tout au long du projet.

Si, dans les cas extrêmes, la confiance peut faire avaler les plus grosses couleuvres sans bicarbonate, *a contrario*, la suspicion fait absolument douter de tout.

Un projet tout à fait opportun peut être rejeté sur un détail totalement insignifiant. Ce détail est en fait le prétexte, le levier du rejet. Il n'y a plus à discuter, l'affaire est enterrée. Le manager de projet n'a pas su gagner la confiance.

> Attention au transfert ! Lorsque l'instigateur du changement est un parachuté mal accepté, le ressentiment risque de se transformer en une résistance contre le changement proprement dit. La confiance est essentielle.

Dans tous les cas, il n'est pas aisé de faire partager la vision d'une solution qui n'existe que sur le papier. Beaucoup d'utilisateurs, une fois rassurés sur leur devenir, préfèrent à juste titre attendre pour juger sur pièces. Il est un peu présomptueux d'espérer un support massif dès la présentation du projet. Pour le moment, il est immatériel et il n'existe pas encore de raisons valables pour faire l'effort de le concrétiser mentalement. C'est d'ailleurs pour cela que des hommes que l'on pensait acquis s'opposent une fois le système en place. Ils n'ont pas changé d'avis. Ils attendaient de voir. De toute façon, il ne sera pas facile d'attendre une proposition ou un engagement sur une vision future. La communication à grande échelle des orientations stratégiques n'est pas dans les mœurs des entreprises actuelles.

Dans les faits, le rôle des hommes est d'exécuter au mieux leurs tâches, pas de faire de la prospective. L'expectative est l'attitude la plus raisonnable.

Soigner les détails pratiques

Quelle que soit la qualité des travaux préparatoires, un grand nombre d'incertitudes demeurent et tous les détails ne sont pas réglés, loin s'en faut. Lors des premières séances de communication, le flou enveloppant les détails pratiques sera un des points les plus difficiles à gérer. Les acteurs de terrain ont une connaissance très précise de leur contexte. Ils sont plus enclins à s'intéresser aux modifications apportées à leur environnement qu'aux orientations générales : « On sait ce que l'on perd mais on ne sait pas ce que l'on gagne ! » Si, pour le manager, les grandes lignes sont bien dessinées, les détails sont encore à préciser. Mal gérée, cette étape laissera le doute dans les esprits… « Ils nous cachent quelque chose » ou bien : « Ils ne savent pas où ils vont ! »

Pour conserver la maîtrise de son projet lors de l'intervention de consultants externes, apprenez à modérer les clones de Rambo…

S'il est judicieux de solliciter une assistance extérieure, il faut cependant se méfier des solutions « clés en main » proposées par les cabinets adeptes de l'approche « commando ». Leur principe de fonctionnement est fondé sur une certitude inébranlable dans la validité de leurs méthodes et outils. « Vous êtes le problème, nous sommes la solution ! » telle pourrait être leur devise. Séduisants sur le papier, ces concepts trop rigides n'intègrent pas une dimension suffisante de l'écoute de terrain indispensable pour les ajustements locaux.

Profiter de l'instauration du dialogue pour affiner le projet

Si pour Tolkien, le sage ne parle que de ce qu'il connaît,
selon Goethe on n'entend que ce que l'on comprend.

L'instauration d'un climat de communication s'impose. Écouter les acteurs de terrain, comme on le lit trop souvent, n'est pas encore suffisant. Une des clés du succès sera justement d'établir un dialogue constructif, contribuant à apporter un éclairage des points obscurs. C'est le moment choisi pour recueillir l'information à sa source.

De toute façon, les hommes sont lassés des démagos, alors surprenez-les ! Intégrez-les à part entière au cœur du processus de décision ! Considérez les suggestions et remarques non pas pour faire plaisir et prétendre à un climat faussement participatif, mais bien pour faire avancer et bâtir la meilleure solution. Il est assez surprenant de constater à quel point certains cadres fonctionnels connaissent mal les détails du fonctionnement de l'entreprise. Il ne faut pas hésiter à déployer des efforts pour recueillir l'information à sa source.

Matérialiser l'urgence

On peut être d'accord dans l'absolu avec la nécessité de changer, sans pour autant être convaincu de son imminence. Remettre à demain les points dérangeants est bien une caractéristique humaine. Pourquoi aller chercher par avance la difficulté ? Il sera toujours temps… peut-être que, plus tard, ce sera moins dérangeant ? L'aspiration à la stabilité peut ainsi se transformer en inertie. Il faut donc arriver à démontrer que le changement ne saurait attendre. C'est aujourd'hui ou jamais. Après, il sera trop tard. Mais, avant de tenir ce discours, il est préférable de bien préparer son action. Il ne s'agit pas de motiver tout le monde par l'urgence, puis de repousser constamment l'échéance du début des grandes manœuvres. Les velléitaires et autres brasseurs d'air ne sont jamais bien acceptés. Une fois le projet présenté, il n'est que temps de passer à l'action proprement dite… sans pour autant confondre urgence et précipitation. Après les premières présentations du projet, il est bon de respecter le temps de la « digestion », propice aux critiques et commentaires.

Pour limiter le nombre d'opposants, composez avec les secteurs autogérés

Les petits pouvoirs locaux sont aussi des moteurs d'efficacité. Dans les faits, la répartition des pouvoirs ne suit pas scrupuleusement l'organigramme de l'entreprise. Dans les entreprises industrielles, notamment, il existe des secteurs pratiquement autonomes et détachés de la ligne hiérarchique officielle. Ce mode de fonctionnement n'est pas dérangeant en soi et chacun y trouve son compte. Si le rendement est conforme et que, de surcroît, les problèmes sont résolus localement, la direction se satisfait de ces secteurs autogérés. Elle n'a aucun intérêt à détruire quelque chose qui fonctionne bien et ne lui cause pas de soucis. Dans le cadre des projets transversaux, il faudra prendre un soin particulier à ménager les susceptibilités et s'accorder un temps suffisant pour trouver une solution négociée à la manière d'un jeu gagnant-gagnant. On se méfiera des adeptes de la normalisation et de la rationalisation peu au fait des réalités concrètes des entreprises.

Adopter une démarche active

Par ailleurs, il s'agira d'adopter une démarche active et de garantir la progression de la vision commune au fil du déroulement.

Établir les réseaux et maintenir la communication

Le projet doit être soutenu tout au long de son déroulement. Il serait bien étonnant qu'il ne rencontre pas des obstacles et des difficultés majeures ou encore qu'il ne fasse l'objet de revirements. Il vaudrait mieux que ces péripéties de parcours, courantes pour les projets actuels, ne deviennent prétexte à une démobilisation massive. Le manager mettra à profit les premières séances de communication pour identifier les sponsors potentiels, ceux qui sauront instiller l'idée de changement dans les esprits. Les sponsors sont des acteurs particulièrement communicants qui, trouvant leur intérêt dans le changement, le présenteront sous ses aspects les plus séduisants. Leur rôle est de la première importance. S'il est vrai que chacun, avant de s'engager, mettra en balance son intérêt dans le changement, il faut bien admettre que l'objectivité absolue et rationnelle n'est pas une composante de la nature humaine. Les forces d'influence, pour supporter le projet ou le dénigrer le cas échéant, seront bien plus efficaces que tous les rapports présentant les avantages/inconvénients en termes quantitatifs. Il ne faut surtout pas sous-estimer ces forces d'influence, mais au contraire déployer toutes les énergies pour les mettre à profit.

Il est utile de savoir différencier ceux qui adhèrent réellement et porteront le projet des vieux routiers de l'ambiguïté qui sauront retourner leur veste le moment venu. À noter que la veste est d'un modèle réversible ! Elle sera retournée plusieurs fois au cours du même projet selon les forces d'attraction.

Remiser son mépris au vestiaire

Et nous, les petits, les obscurs, les sans-grade (...),
Nous qui marchions toujours et jamais n'avancions...

EDMOND ROSTAND, *L'AIGLON*, 1900

Il est coutumier d'étudier la portée du changement en catégorisant les futurs utilisateurs et autres participants directs et indirects. Que ce soit dans la catégorie des partisans, celle des opposants ou encore celle des passifs, il existe une case pour chaque acteur.

Si cette catégorisation permet d'établir une cartographie des forces en présence et d'évaluer l'effort restant à produire, il vaut mieux se méfier des jugements un peu hâtifs, notamment à l'encontre des supposés « passifs ». Les hommes ne sont pas aussi passifs que les théoriciens du changement voudraient le laisser croire. Ce n'est pas parce qu'ils n'affichent pas ouvertement leur position qu'ils n'ont pas d'avis et se laissent porter au gré des flots. Il vaut mieux chercher à comprendre les réticences à la prise de position et se remettre en question le cas échéant. Le manager devra ainsi reconsidérer la crédibilité de son projet pour se protéger des mauvaises surprises, lorsque l'on aura franchi le point de non-retour.

La résistance au projet

L'opposition directe n'est pas nécessairement un refus catégorique. Une acceptation pleinement réfléchie doit être précédée d'une phase critique. Celle-ci sera plus ou moins acerbe selon les tempéraments. Dans tous les cas, une crise ouverte sera toujours préférable à une révolte passive.

Pour celui qui maîtrise bien la question des relations humaines, il peut être bon de choisir le moment pour faire éclater la crise.

La résistance au changement n'est pas une rébellion devant l'ordre établi ; c'est une erreur magistrale de la traiter comme telle. Elle est le plus souvent la réaction à un manque de conviction des hommes de la pertinence du projet. Jusqu'ici, tout allait très bien. Pourquoi changer quelque chose qui marche ? Dans les faits, on peut être opposé au changement pour diverses raisons. On fera la différence entre :

- ceux qui sont contre la finalité du projet ;
- ceux qui sont pour la finalité mais pas pour la méthode choisie ;
- ceux qui sont pour la finalité et la méthode mais pas pour l'urgence ;
- ceux qui pourraient être pour le projet et ses finalités mais sont chroniquement opposés à toute forme de changement.

Les 3 phases dans le changement selon Kurt Lewin

Le dégel, phase d'assouplissement et d'ouverture.

Le changement proprement dit, phase de mutation.

Le « regel », phase d'appropriation des nouveaux comportements.

Les acteurs de l'entreprise n'ont pas toujours la certitude qu'une fois les nouvelles solutions en place, ils seront en mesure d'assurer leur mission avec le même ratio de productivité.

Et même, comment pourrait-on se sentir concerné par la raison d'entreprise, lorsque l'on risque de faire les frais du changement ? Il n'est pas toujours facile de rassurer en précisant en quoi le monde sera encore acceptable au terme du projet. L'exercice est d'autant plus malaisé lorsque l'on sait que la rentabilité numéro un d'un projet d'informatisation comme la mise en place d'un ERP est une diminution de personnel accompagnée d'une dégradation des qualifications.

Hormis ce cas évident de jeu gagnant-perdant, il est indispensable de prendre le temps d'expliquer l'importance de la chaîne de valeur et de mettre en avant la notion de productivité globale. Mais, dans un monde où l'on ne récompense que les résultats personnels, en partant du principe totalement erroné qu'en recherchant le maximum du rendement individuel on maximisera *ipso facto* la productivité globale, le message n'est pas facile à faire passer…

Le changement exige un effort : comment cet effort est-il reconnu ? Si, à terme, le nouveau système ou la nouvelle organisation apporte plus de confort personnel pour chacun des protagonistes, on peut prendre le risque d'étudier cette question. Dans le cas contraire il est recommandé d'y travailler sérieusement.

Piloter le changement

En fonction de l'avancement du projet, les rapports de force entre les opposants et les supporters vont évoluer. Il est préférable de conserver de bout en bout la maîtrise sur cette progression, afin de prévenir les crises ultimes et de juger du moment opportun pour lancer des actions de soutien. Dans tous les cas, il est important de rapidement montrer des signes tangibles d'avancement et de ne pas hésiter à communiquer le plus largement possible.

La mesure de l'accompagnement est une préoccupation de premier ordre, au même titre que l'avancement du projet proprement dit. Il sera ainsi nettement préférable de limiter la portée du projet, pour en assurer une appropriation complète, plutôt que de s'entêter à poursuivre une réalisation techniquement plus ambitieuse, sans se préoccuper des risques potentiels de rejet.

12e pratique de bon sens

Inclure les coûts directs et indirects du processus d'intégration dans les budgets initiaux

Bien que la conduite du changement soit aujourd'hui reconnue, à juste titre, comme un aspect essentiel de la réussite des projets, les coûts induits ne sont qu'exceptionnellement estimés à leur juste valeur lors de l'élaboration des budgets initiaux. Par définition, sans budget, toutes les bonnes résolutions restent lettre morte.

Si la phase d'intégration est souvent réduite au strict minimum, ce n'est pas par mauvaise volonté mais bien par manque de temps et surtout d'argent. Lors de l'élaboration des budgets initiaux, les coûts induits par cette phase essentielle sont le plus souvent réduits à la portion congrue, quand ils ne sont pas purement et simplement oubliés. Les montants prévus sont généralement bien insuffisants pour aborder cette phase en toute quiétude. Et si jamais les réductions budgétaires sévissent, ce seront les sommes affectées à la phase d'intégration qui en feront les frais. C'est bien la marque du peu d'estime dans laquelle on tient cette phase essentielle ! Il est temps de revaloriser l'ensemble des étapes du processus d'intégration en affectant à chacun des postes un véritable budget, précis et suffisant.

L'incorporation de l'ensemble des dépenses nécessaires lors de la phase d'intégration modifie sérieusement les données de départ. Plus d'un projet risque d'être repoussé au vu du montant réel dépassant les prévisions les plus pessimistes. Il est vrai que la vérité n'est pas toujours facile à montrer. Cela dit, c'est un argument de plus qui prêche pour des projets courts. Généralement plus faciles à intégrer, les coûts liés à cette phase dans le cas des projets courts ont une moindre incidence sur le budget global.

La liste des coûts à considérer varie en fonction du type et de la durée du projet. Certains postes sont cependant incontournables. Dans la majorité des cas, il faudra ainsi tenir compte des postes suivants.

- *Formation* : les frais de formation seront budgétés en tenant compte du coût réel des formateurs, un point souvent omis à tort lorsque ces derniers sont membres de l'entreprise ou de l'équipe de développement.
- *Communication* : ce poste regroupe l'ensemble des coûts induits par la mise en place des stratégies de communication et de publicité, pour supporter le projet.
- *Assistance* : ce poste est différent de la formation. Selon la complexité du projet et la capacité d'intégration de l'entreprise, les besoins en matière d'assistance seront plus ou moins conséquents. Ces dépenses sont surtout visibles une fois le projet achevé. Une équipe réduite devra peut-être rester sur place, bien au-delà de la mise en production.
- *Intégration des nouveaux processus* : la refonte des processus nécessite des coûts bien spécifiques avant d'atteindre l'optimum de performance. Il faut en effet prévenir les baisses de productivité ainsi que l'ensemble des blocages pénalisant le fonctionnement de l'entreprise. Ce poste inclut les coûts en personnel supplémentaire indispensable durant la phase de démarrage.
- *Déploiement* : le déploiement de la solution est toujours une source d'imprévus. Il faut budgéter les coûts et les temps supplémentaires liés à la résolution de problèmes absolument imprévisibles qui ne se révèlent que sur le terrain.

- *Travaux de migration*: l'entreprise fonctionnait avant le projet et il est indispensable de récupérer l'existant (fichiers clients, liste des produits...). Avec l'incompatibilité chronique des outils et solutions, ces coûts deviennent rapidement conséquents.
- *Plate-forme de test*: la construction de la plate-forme de test ou de toute autre ébauche du projet au titre de la vérification préalable de la faisabilité doit aussi être correctement budgétée.

Cette liste n'est pas exhaustive. Selon les projets et les entreprises, on considérera aussi les coûts de maintien des doubles systèmes (ancien et nouveau), l'élaboration de la documentation utilisateurs ou encore les pertes de production, notamment lors de la phase de démarrage.

Quatre recommandations pour réussir l'intégration du nouveau système

Pour limiter l'évolution du nombre des opposants : tenez compte des effets pervers des réunions d'orientation

La réunion est vraiment le moment opportun pour prendre du recul sur son action et la confronter avec celle de ses pairs au sein du projet en cours. Mais conduire une réunion constructive, il n'y a rien de moins simple ! Il existe néanmoins des techniques, et bon nombre d'ouvrages décrivent des méthodes concrètes. Une des recettes retenues pour en améliorer l'efficacité sera de soigner la préparation et de privilégier les rencontres en petit effectif, limité aux seuls acteurs concernés par la phase du projet.

Mais c'est sans compter avec les luttes de pouvoir. La réunion remplit un rôle social qui dépasse les attendus de l'ordre du jour. Être convié à une réunion est interprété comme une reconnaissance de son statut et de son territoire. En être exclu risque d'être perçu comme une disgrâce. En négligeant cet effet pervers, le camp des opposants risque d'être renforcé, et il ne le mérite pas ! Il est bon de ménager les susceptibilités en désacralisant les réunions de travail, et en informant les pouvoirs locaux qu'il ne s'agit pas de grand-messe.

Pour limiter la propagation des rumeurs : facilitez la phase de découverte et cultivez la curiosité

Il est primordial de présenter le plus rapidement possible des modules ou fonctions opérationnels. Dans le cas d'un projet d'informatisation, le découpage en lots s'impose aujourd'hui. Lors de la prise de connaissance des premières fonctions de la solution, il est recommandé de convier des extérieurs au groupe de travail, afin qu'ils puissent apprécier la réalité du changement et commencer à trouver leurs repères. Ils pourront modérer ainsi les contes et légendes qui courent dans les entreprises lorsque les projets traînent en longueur.

Pour faciliter la perception du changement par tout un chacun : évitez les discours trop généralistes

Pourquoi perdre du temps à expliquer dans le détail des sujets qui n'intéressent pas votre public ? Plutôt que de chercher à présenter une vision trop globale, il est très nettement préférable de se focaliser sur les thèmes de prédilection de chaque interlocuteur, selon sa fonction et ses prérogatives, et d'éviter de mélanger les genres. Pour être concret, il est inutile de passer trop de temps à présenter les caractéristiques purement techniques du nouveau projet à un responsable financier ou à un directeur marketing. Expliquez plutôt les avantages attendus du changement en termes concrets selon leurs centres d'intérêt réciproques : c'est ainsi que chaque acteur de l'entreprise pourra matérialiser ses futurs repères.

Pour éviter les rejets trop précoces : prenez soin d'assurer une continuité de services

Lors des premières phases de la mise en œuvre, il faudra remplacer les processus existants par des solutions qui ne sont pas toujours au point. Cette phase de rupture avec le passé peut être une cause de démobilisation. Les utilisateurs ont leurs tâches à assurer et n'ont pas de temps à perdre avec des solutions trop jeunes. Il faut apporter un soutien permanent et résoudre en toute priorité ces problèmes handicapant au quotidien le fonctionnement de l'entreprise. Mais si jamais, au terme du projet, les nouvelles fonctionnalités apportent plus de contraintes que d'avantages, comparativement au passé, là, le problème est bien plus délicat…

À RETENIR

Lorsque le projet est réussi, la solution mise en place s'intègre au mieux dans la chaîne de valeur de l'entreprise. Cette intégration se déroule selon 3 plans : organisationnel, technologique et culturel. Pour limiter les difficultés de l'intégration, l'accompagnement du changement ne sera pas repoussé aux ultimes limites mais bien piloté dès l'annonce du projet. L'intégration génère des coûts. Il vaut mieux ne pas les négliger lors de l'élaboration des budgets prévisionnels.

http://tb2.eu/c9

La communication au service de l'accompagnement du changement

La qualité de la communication est au cœur même de la réussite du projet et de son déploiement. Encore faut-il en respecter les principes fondamentaux.

Communiquer, c'est établir une relation avec un ou plusieurs interlocuteurs afin de transmettre et de recevoir des informations. En entreprise, le terme de communication est utilisé à tort et à travers pour désigner des actions d'information à sens unique où l'on ne se préoccupe guère de savoir si le message est bien reçu, et encore moins d'écouter les remarques et commentaires en retour. Ce n'est pas l'exemple à suivre. Le déploiement d'un projet ne peut se contenter de simples actions publicitaires.

Comment faire ?

Prendre le soin de s'assurer que le message transmis est parfaitement compris par ses destinataires semble une évidence pour tout un chacun. Cette remarque de bon sens est pourtant bien rarement respectée. Pour assurer une communication efficace dans le cadre d'une opération d'accompagnement du changement, il est recommandé de soigner chacune des phases du processus : formulation, feed-back et nouvelle formulation. Attardons-nous sur chacune de ces phases.

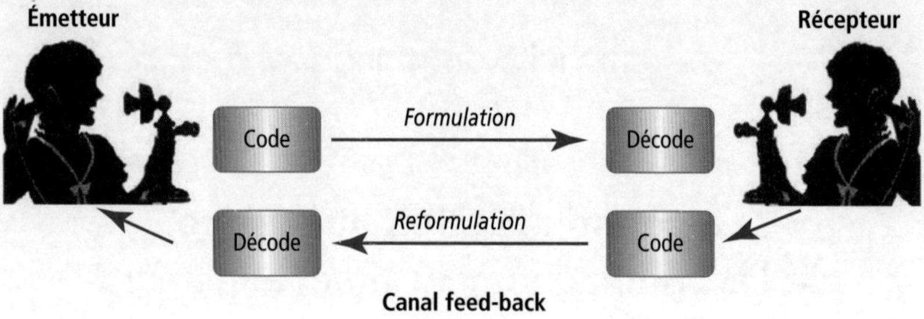

Figure 31 : Communication

Formulation

Élaborer un message clair et l'exprimer en utilisant exclusivement un lexique partagé avec les destinataires sera la première exigence d'une bonne communication. Le chef de projet ne réussira pas à faire passer son message sans bannir de son vocabulaire les termes abscons et les concepts purement techniques ou trop abstraits lorsqu'il s'adresse à un public ne pratiquant pas le même métier. Comme l'indique la figure 31, le message codé à l'émission selon le média utilisé sera décodé à la réception pour en extraire le sens.

Feed-back

La *formulation* du message n'est que la première étape du processus de communication. Une fois celui-ci émis, le chef de projet sera à l'écoute du canal feed-back. Aussi bien formulé soit-il, le sens porté par le message n'est pas toujours correctement compris par son auditoire. Le chef de projet restera attentif aux questions posées, aux remarques et aux suggestions. Ce retour, la reformulation en quelque sorte, permet d'évaluer le degré de compréhension du message et la qualité de la formulation initiale.

Nouvelle formulation

Lorsque, à l'écoute du canal feed-back, on constate la présence de zones d'incompréhension, on n'hésitera pas à formuler de nouveau le message. Il ne s'agit pas de répéter le même message sans en changer un mot. L'émetteur adaptera son discours en fonction des doutes ou contresens qu'il a cru détecter. Afin de mieux éclairer les nuances, il n'hésitera pas à étayer son message d'arguments complémentaires, d'exemples ou d'illustrations.

Lors d'une démarche d'accompagnement du changement, il vaut mieux ne pas considérer l'information comme circulant à sens unique. L'écoute active des remarques et commentaires est essentielle pour apprécier la compréhension du message initial. Elle est tout aussi importante dans une logique d'amélioration globale. Les remarques et suggestions d'adaptation spécifique seront évaluées et validées lorsqu'elles se révèlent opportunes.

Remarque : la répétition du message initial est totalement inutile si celui-ci est parfaitement compris, mais jugé comme inacceptable au sens du système de valeurs des auditeurs. Le problème est ailleurs et devra être résolu au plus vite si l'on souhaite éviter la multiplication des situations de blocage.

MÉTACOMMUNICATION

Quelquefois, le fond d'un message en retour est moins important que sa forme. Lorsqu'un interlocuteur ou un groupe d'interlocuteurs s'opposent systématiquement, ce n'est peut-être pas le contenu du message le plus important mais bien les motivations à l'origine d'une telle réaction. C'est bien cela qu'il s'agira d'étudier et de résoudre, quitte à laisser de côté durant un temps la campagne de communication.

Utiliser les technologies

Les technologies du Web 2.0, comme les blogs, forums, réseaux sociaux et Twitter, sont, bien entendu, des médias de choix pour assurer une communication continue et régulière afin de faciliter le déploiement du projet. Mais la mise en action de ces outils de soutien prend du temps. Et du temps, on n'en dispose guère en abondance lorsque l'on est au cœur du projet. Tous les travaux de communication préparatoires au déploiement de la solution une fois en phase finale seront inscrits au budget prévisionnel et planifiés. L'accompagnement du changement se pilote quel que soit le media utilisé.

Il n'y a rien de plus révélateur de la piètre qualité de l'organisation d'un projet qu'un site Web dédié, une page Facebook ou un forum lancé avec tambour et trompette puis laissé à l'abandon quelques semaines plus tard. Pourtant les opportunités de réussir une intégration plus en douceur sont réellement palpables pour celui qui s'en donne les moyens. Les échanges simplifiés et sans complexe que permet un réseau social d'entreprise ayant atteint sa vitesse de croisière sont une véritable mine d'informations pour saisir la subtilité des sensibilités en présence et enrichir sa connaissance du contexte spécifique.

Conseil personnel

Pour une expérience limitée d'implantation et de déploiement d'un projet technologique auprès d'un public averti dans un contexte spécifique, une coopérative de travailleurs dans le secteur des services, nous avions suivi une logique propre aux réseaux sociaux.

Objectif : faciliter la constitution d'une communauté fondée sur un sentiment d'appartenance commun (« J'en suis, tu en es, nous en sommes ») et un système de valeurs partagées (« Nous savons ce qui pour nous est important »).

L'instauration d'un climat de réelle confiance (« J'écoute et on m'écoute ») est le pilier fondateur de la démarche. Il devient ensuite possible de dynamiser le partage des passions (« Je prends conscience et je commente à chaud ») et d'échanger les émotions (« J'aime, tu aimes aussi ? »).

C'est un véritable projet parallèle qu'il s'agit de mettre en place. Actuellement, c'est tout à fait possible pour des projets technologiques développés dans un environnement où le public pratique déjà. Encore faut-il mettre à disposition les moyens nécessaires. L'accompagnement simplifié, l'appropriation plus rapide et l'autopromotion en lieu et place de la rumeur rentabilisent très largement les compléments d'investissement consentis pour cette démarche spécifique et originale.

La mesure et le progrès continu

Dans tous les cas, il sera bien plus difficile de communiquer pour celui qui n'est pas naturellement un communicant. Tout ne passe pas uniquement avec des mots, aussi bien choisis soient-ils. L'attitude du manager témoigne, malgré lui, de sa volonté de faire passer le message, de transmettre une connaissance. Ne pas aimer communiquer est donc bien plus qu'un simple handicap pour un chef de projet.

L'apprentissage pour tous

Les péripéties du déroulement du projet, les obstacles et difficultés rencontrés et la manière de les résoudre sont un précieux enseignement pour les développements futurs. L'enregistrement méthodique du déroulement du projet et de son déploiement est vraisemblablement le retour sur investissement (ROI) caché. Malheureusement, bien peu d'entreprises ont l'intelligence de consacrer les ressources suffisantes pour assurer la constitution de la mémoire projet et en tirer les enseignements. C'est pourtant un véritable investissement. Bâtir au fil des expériences sa propre bibliothèque modulaire de bonnes pratiques est un atout de taille pour affronter les projets à venir.

Chaque acteur du projet, qu'il soit concerné au premier plan ou plus indirectement, doit, lui aussi, profiter des fruits de l'apprentissage et capitaliser les expériences vécues. C'est un actif de valeurs pour enrichir une carrière personnelle, affiner son expertise et accroître ainsi son employabilité. C'est aussi un argument majeur au secours du chef de projet pour faciliter le déblocage de situations conflictuelles fondées sur l'incompréhension des avantages potentiels du changement.

http://tb2.eu/c10

Conclusion

Je me croyais libre
Sur un fil d'acier
Quand tout équilibre
Vient du balancier.

ARAGON, *AU BOUT DE MON ÂGE*, 1944

Coopérer, ce n'est pas toujours si simple…

La prédominance actuelle et légitime de la question du ROI a profondément réformé les modes de conduite de projet. Le manager investi d'une responsabilité de garantie de rentabilité, qui dépasse très largement les habituelles contraintes de sa fonction, prendra soin de compléter sa classique palette d'outils des talents de mobilisateur et de négociateur. Car c'est bien en mobilisant l'ensemble des parties prenantes et en négociant avec chacune d'entre elles qu'il atteindra ce but ultime. Il est à noter que cette coopération étendue ne se limite pas à l'entreprise intra-muros. Elle doit aussi inclure l'ensemble des fournisseurs et sous-traitants impliqués dans le projet. En effet, il ne s'agit plus aujourd'hui de se contenter d'acheter des solutions bien packagées, en se satisfaisant de la garantie verbale des fournisseurs assurant de la solidité de leurs moyens.

Les entreprises sont, à juste titre, devenues réticentes à ces formes de responsabilité limitée aux promesses, elles attendent dorénavant des engagements de résultats. Que ce soit sous la forme d'un partage des gains de productivité ou d'un cofinancement des développements, les nouveaux contrats de sous-traitance se rapprochent à grands pas de l'obligation de résultats. Il est à noter que cette alléchante forme de partenariat ne s'envisage pas sans quelques réformes de fond des mentalités. Le sous-traitant ne pourra pas remplir sa mission si l'entreprise ne lui indique pas précisément les leviers censés améliorer significativement la profitabilité de l'entreprise. Mais combien d'entreprises sont prêtes à franchir le pas ? La répartition est assez inégale. S'il existe des précurseurs qui n'hésitent pas à faire partager leurs visions stratégiques dans un véritable jeu gagnant-gagnant, il faut bien reconnaître que la grande majorité préfère jouer la carte du secret et se contente de beaux discours un brin manipulateurs. Dans de trop nombreux cas, le manager de projet lui-même est tenu à l'écart des décisions d'orientation. Il ne faut pas chercher plus loin l'explication du très faible nombre de projets réussis !

La méthode de calcul du ROI conditionne le type d'investissement

De toute façon, si le ROI devient le juge de paix, il est absolument essentiel de prendre soin d'en réformer au préalable les principes et l'usage, comme nous l'évoquions à l'axe 1, au risque de perpétuer les habituelles quêtes de rentabilité à court terme. Lors des études d'opportunité, les solutions à la rentabilité rapide exprimée exclusivement en espèces sonnantes et trébuchantes sont toujours privilégiées. La quête des coûts bas, *downsizing*, externalisation, délocalisations, offshore, qui sévit plus que jamais, en sont des exemples. Cette préférence s'effectue encore trop systématiquement aux dépens de la recherche de la performance durable.

L'exclusivité de la vision financière, comme le propose le calcul du ROI classique, fausse totalement la perception de la rentabilité des projets essentiels dans une optique de développement durable, comme la gestion des connaissances (KM) ou la gestion de la relation client (CRM). La rentabilité de ces projets n'est pas évidente à court terme, et les aspects inflexibles du ROI classique conduisent à des arbitrages pour le moins discutables en cours de réalisation. C'est bien pour cela qu'une grande majorité des projets de CRM sont en fait limités à la phase de l'automatisation des forces de vente (administration des ventes, gestion des contacts, des relances, des tarifs…) qui ne représente qu'un aspect du concept mais dont la rentabilité semble plus rapidement perceptible sous l'éclairage des outils comptables classiques (il est aussi vrai qu'elle ne nécessite pas de réforme de fond). Sans une nouvelle définition du ROI et, par extension, de la performance, ces projets ne sont tout simplement pas réalisables.

Trois recommandations complémentaires d'une portée plus globale

Les chances de réussite sont inversement proportionnelles à la complexité du projet

Il est toujours préférable d'éviter de s'embarquer dans des projets trop ambitieux. Réformer trop de processus à la fois, introduire plus d'innovations qu'il n'est nécessaire ou encore utiliser des solutions trop jeunes, voilà de quoi augmenter significativement le taux d'incertitude. La complexité s'accroît rapidement et les chances de réussite, selon une loi inversement proportionnelle, se réduisent comme peau de chagrin. L'originalité n'est-elle pas justement de s'assurer que la ligne d'horizon reste dans l'axe et d'utiliser au mieux des principes et techniques bien connus pour délivrer de véritables services hors pair ?

La dictature du délai ne doit pas masquer les points critiques du projet

Lorsque le projet commence à prendre du retard, les regards restent braqués sur le calendrier et le planning. Les tâches critiques en temps, telles qu'elles ont été définies lors de la phase de planification, mobilisent toute l'attention. Si le respect des délais est un engagement important vis-à-vis du client, il n'est cependant pas exclusif. Il est tout aussi primordial pour la réussite du projet d'assurer un suivi de tous les instants des tâches identifiées elles aussi comme critiques, non plus en termes de délais mais selon l'analyse de risques. S'il faut garder sous surveillance les facteurs susceptibles d'achopper le projet, il faut redoubler de prudence lorsque l'on aborde les tâches particulièrement sensibles. Seule la surveillance continue permettra de détecter les signes avant-coureurs et d'anticiper les actions palliatives ou correctives.

Il y a une vie après le projet...

Le manager et plus généralement l'organisation profiteront de l'enseignement du projet pour être toujours plus efficients... Le projet, quelle que soit son issue, réussite ou échec, est une source d'enseignements. Une bonne part des échecs ont des causes récurrentes. Et si l'histoire ne se répète jamais de la même façon, l'expérience conjuguée à l'intelligence permet justement de pressentir les risques et de les prévenir plus efficacement.

Dans la société actuelle, nous privilégions le théorique au pratique. Ainsi, pour un même poste, une entreprise accordera sa préférence à un jeune diplômé en lieu et place d'un plus ancien disposant d'une expérience pratique respectable. Seul le gain du différentiel de salaire est considéré. Pourtant, théorie et pratique ne s'excluent pas mais se complètent étroitement. Un enseignement n'est acquis et donc utile qu'à partir du moment où il a été confronté aux réalités de terrain. Le savoir n'aurait aucun intérêt s'il n'était complété d'un savoir-faire. L'enseignement acquis en cours de réalisation est en quelque sorte le ROI caché, la cerise sur le gâteau qui permettra d'aborder les prochains projets avec plus d'assurance et de maîtrise. La bonification des comportements va avec la répétition de la pratique. Mais, pour profiter pleinement de cet enseignement et éviter les chausse-trappes à venir, il faut consacrer le temps et l'énergie voulus à la phase de collecte et de mémorisation de l'histoire du projet.

Bibliographie

ALBERT E., EMERY J.-L., *Le manager est un psy*, Paris, Éditions d'Organisation, 1998.

AZOULAY H., KRIEGER E., POULAIN G., *De l'entreprise traditionnelle à la start-up,* Paris, Éditions d'Organisation, 2000.

BELBIN M., *Les rôles en équipe,* Paris, Éditions d'Organisation, 2006.

BELLENGER L., *La négociation,* Paris, PUF, 7e édition, 2009.

BRINKMAN R., KIRSCHNER R., *Dealing with People You Can't Stand,* New York, McGraw-Hill, 2002.

BROWN J., *Value Engineering,* New York, Industrial Press, 1992.

CHAPMAN C., WARD S., *Project Risk Management,* Hoboken, New Jersey, Wiley, 1997.

CLELAND D., IRELAND L., *Project Management,* New York, McGraw Hill, 2002.

COHEN H., *You Can Negotiate Anything,* New York, Bantam, 1982.

COLLECTIF, *La méthode APTE,* Paris, éditions Pétrelle, 2000.

FERNANDEZ A., *L'essentiel du tableau de bord,* Paris, Eyrolles, 3e éd., 2013.

GOGUELIN P., *Le management psychologique des organisations*, Paris, ESF éditeur, 1992.

HACKMAN J. R., « Leading Teams: Setting the Stage for Great Performances », *Harvard Business Review Press,* 2002.

HARVARD BUSINESS REVIEW on Building Better Teams, Harvard Business Review Press, 2011.

HAMMER M., *Beyond Reengineering,* New York, Harper Business, 1996.

HAZEBROUCQ J.-M., BADOT O., *Le management de projet,* Paris, PUF, 1997.

LACHNITT J., *L'analyse de la valeur,* Paris, PUF, 1994.

LE GOFF J.-P., *Les illusions du management,* Paris, La Découverte, 2005.

LENCIONI P., *The Five Dysfunctions of a Team*, San-Francisco, Jossey-Bass, 2002.

LÉVY-LEBOYER, C., *La gestion des compétences*, Eyrolles, 2009.

LÉVY-LEBOYER C., *La motivation dans l'entreprise,* Paris, Éditions d'Organisation, 2e éd., 2000.

LEWIS J. P., *The Project Manager's Desk Reference,* New York, Mac Graw Hill, 2000.

LEWIS J. P., *Fundamentals of Project Management,* New York, AMACOM, 2006.

MIDLER C., *L'auto qui n'existait pas,* Paris, Dunod, 2004.

MINTZBERG H., *Grandeurs et décadence de la planification stratégique,* Paris, Dunod, 2004.

PIRSIG R., *Traité du zen et de l'entretien des motocyclettes,* Paris, Seuil, 1998.

SALMON, C., *Storytelling. La machine à fabriquer des histoires et à formater les esprits,* La Découverte, 2008.

SENNETT, R., *Ce que sait la main : la culture de l'artisanat,* Albin Michel, 2010.

SUTTON R., *Good Boss, Bad Boss,* New York, Business Plus, 2010.

TALEB, N. N., *Le cygne noir. La puissance de l'imprévisible,* Belles Lettres, 2010.

YOUNG T., *Successful Project Management,* London, Kogan Page, 2006.

Pour plus de références, visitez le site :
http://www.chef-de-projet.org

http://tb2.eu/c11

Index

A

ACWP, 146
affectations, 75
amélioration continue, 151, 168
analyse de la valeur, 47, 54, 55
anticipation, 21, 71, 80, 140
aptitude, 25
Ashby, Ross, 71
autonomie, 71, 104, 118, 121

B

BCWP, 146
BCWS, 145
Bezos, Jeff, 120
budgets, 9, 11, 67, 74, 135, 148, 162, 201, 207
business plan, 19

C

cash-flow, 19, 53
chaîne de valeur, 181, 198, 207
changements, 21, 71, 191
communication, 11, 95, 127
compétence, 25
complexité, 8, 14, 17, 24, 67, 71, 74, 78, 94, 202, 217
conflit, 39, 84
coopération, 89, 111, 116, 125, 150, 167, 215
coordination, 93
coûts, 7, 47, 49, 51, 54, 58, 75, 145, 151, 159, 164, 201, 207, 216
CPM, 20, 65
CRM, 59, 216, 217
Customer Relationship Management, voir CRM
cybernétique, 71, 141

D

décisions, 10, 11, 52, 114, 119, 216
définition projet, 8, 20
délais, 12, 20, 67, 74, 93, 113, 135, 145, 148, 164, 217
dépenses, 140, 192, 202
dérives budgétaires, 74
Descartes, 70
détails, 69, 71, 76, 122, 153, 194

E

Earned Value Analysis, 145
efficacité
du manager, 81, 127, 171, 209
professionnelle, 5
empathie, 38
employabilité, 106, 213
enjeux, 10, 17, 67, 113, 125, 145, 149, 150
équipe, 27, 28, 31, 33
équipes de réalisation, 7, 11, 74, 149, 181, 192
ERP, 58, 122
experts, 10, 115, 121

F

facteurs d'échec, 161
feed-back, 127, 129, 210

G

Gantt, 20, 65
Gestion de la relation client, voir GRC
gestion documentaire, 152
gestion du temps, V, 171, 173, 175
gestionnaire, 29
GRC, 59, 185
groupe de travail, 33, 112

I

intégration, 7, 53, 115, 181, 189, 201, 207
interfaces, 121, 183
investissement, 9, 22, 48, 51, 58, 216
IRR, 53

J

jalons, 18, 21, 69, 114

L

Laplace, 68
lean management, 27
Leavitt, Harold, 127, 128
Lewin, Kurt, 198
logistique, 75
lots, 73, 145, 206

M

MacGregor, 101
management d'équipe, 97, 99, 111, 112, 116
menaces, 70, 116, 137, 149, 161, 164, 169
mesure de la performance, 140, 152, 168
méthodes, 8, 17, 24, 55, 77, 79, 94, 153
méthodes agiles, 23
Milgram, Stanley, 100
modifications, 21, 183, 194
Moreno, Jacob Levy, 130
motivation, 31, 33, 105, 106, 120, 167

N

négociation, 28, 39, 40, 81, 86, 87
normes, 77

O

ordonnancement, 63, 67
organisation, 27
orientation, 120, 149, 216
orientation client, 123, 182, 185

P

Parkinson, 67
Pay Back Period, 53
personnes difficiles, 95

Pert, 20, 65
phase de planification, 20, 43, 71, 217
phasing, 67, 77
planification, 20, 68, 71
PMI, 20
probabilités, 68
problèmes, 11, 15, 21, 48, 51, 69, 72, 102, 118, 124, 168, 183, 202, 206
procédures, 10, 13, 17, 78, 100, 102, 118, 184
projet, 8, 217
  définition, 18
  Ètude préalable, 18
  phases, 22
  planification, 20
  viabilité, 21

Q

qualité, 12, 77, 103, 114, 125, 148, 151, 152, 162, 194

R

référentiel de valeur, 2, 24, 47, 80, 120
reporting, 27
résolutions, 149, 201
ressources, 9, 18, 21, 54, 64, 67, 72, 74, 117, 121, 149, 151, 159
retards, 76
réunions, 21, 119, 124, 205
risques, 21, 66, 70, 105, 113, 135, 156, 157, 169, 199, 217
  criticité, 157
  d'échec, 155
ROI (retour sur investissement), 48, 50, 216
rôles, 77, 79, 93, 97, 113, 115, 117, 182
rumeurs, 206

S

sociogramme, 131
sociométrie, 130, 132
soumission, 101
storytelling, 154

T

tableau de bord, 135, 161, 167
table des risques, 159
TCO, 51
team building, 34, 36
team management, 113
technique de questionnement, 83, 119, voir technique d'interview
tolérance, 37, 38
TQM, 13

U

urbanisation, 184

V

VAN, 53
variété requise, 71

W

WBS, 20, 64

Y

Yang, Jerry, 120

Alain **Fernandez**

Les nouveaux tableaux de bord des managers

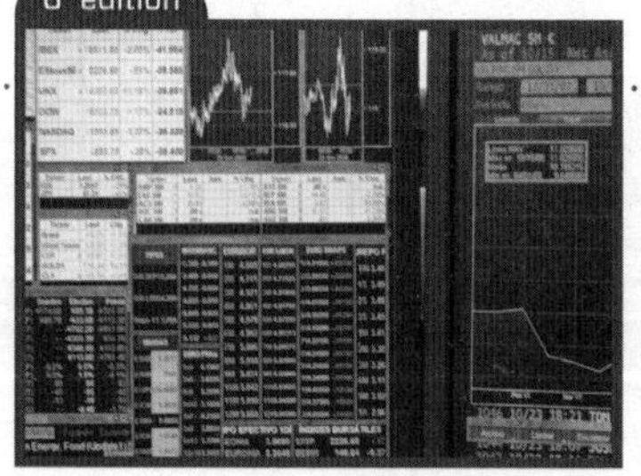

6e édition

Le projet Business Intelligence clés en main

le site du livre piloter.org

EYROLLES

EYROLLES
emploi & carrière

Alain FERNANDEZ

À son compte

De salarié à entrepreneur indépendant, le guide pratique

- Dépassez les obstacles
- Bâtissez un business model durablement viable
- Adoptez une démarche d'amélioration continue

EYROLLES

CRÉATION D'ENTREPRISE

ALAIN FERNANDEZ

44 ASTUCES POUR DÉMARRER VOTRE BUSINESS

EYROLLES

Composé par Sandrine Escobar

Dépôt légal : novembre 2013
N° d'éditeur : 4829
IMPRIMÉ EN FRANCE

Achevé d'imprimer le 4 novembre 2013
sur les presses de l'imprimerie « La Source d'Or »
63039 Clermont-Ferrand
Imprimeur n° 13129

PEFC/10-31-2008

Dans le cadre de sa politique de développement durable, La Source d'Or a été référencée IMPRIM'VERT® par son organisme consulaire de tutelle.
Cet ouvrage est imprimé - pour l'intérieur - sur papier offset 90 g provenant de la gestion durable des forêts, produit par des papetiers dont les usines ont obtenu les certifications environnementales ISO 14001 et E.M.A.S.